INHALT

KAPITEL 1

GOTTES LIEBE
IST STÄRKER ALS DER TOD!

Stellen Sie sich eine eindrückliche Naturszene vor. Ein geheimnisvoller Wald. Der weite Horizont vor tosendem Meer. Eine leuchtende Blumenwiese. Ein einsames Stück Wüste, in dem die Stille fast in den Ohren rauscht. Ist das, was uns so natürlich umgibt, nicht wunderschön? Alle Kreisläufe in der Natur sind perfekt aufeinander abgestimmt – Menschen, Tiere und Pflanzen werden optimal versorgt. Diese Schönheit, Vielfalt und Einfallsreichtum weisen darauf hin: Derjenige, der alles das gemacht hat, ist die Quelle des Lebens, voller Intelligenz und grenzenloser Freude. Und das Beste daran ist: Er will, dass es uns gut geht und wir glücklich sind, weil er uns Menschen und alles, was er geschaffen hat, unendlich liebt.

Wo kommt all das Leid her?

Auf der anderen Seite gibt es heute kaum noch ein Fleckchen Erde, das unberührt ist. Das menschliche Miteinander ist allzu oft von Lieblosigkeit geprägt. Und wenn wir in unserem eigenen Leben, an unserem eigenen Körper Leid erfahren, macht uns das immer wieder bewusst: Eines Tages ist es zu Ende.

Wie passt das zusammen, wenn doch hinter unserer Welt ein Schöpfer stehen soll, dessen Liebe schier übersprudelt und der nur das Beste für seine Geschöpfe im Sinn hat?

Gehen wir ganz zum Anfang zurück: Das erste Menschenpaar auf dieser Erde war vollkommen und absolut glücklich. Sein Zuhause war makellos: ein riesiger, atemberaubend schöner Garten. Das änderte sich allerdings, als diese beiden ersten Menschen damit anfingen, Gott zu misstrauen. Sie missachteten sozusagen die Hausregeln desjenigen, der sie geschaffen hatte, setzten sich über Grenzen hinweg und zerstörten somit diese einzigartige, direkte Beziehung zu ihm.

Die Folge davon? Zwischen den Menschen, der gesamten Erde und Gott brach ein unüberbrückbarer Graben auf. Die Bibel nennt ihn Sünde. Unvermeidlich kamen damit Leid und Tod auf diese Welt. Fortan wuchsen auf den Feldern nicht mehr nur süße Früchte, sondern ebenso stachelige Disteln und Pflanzen mit Dornen. Wo der Mensch sich vorher überall mühelos etwas Essbares pflücken konnte, musste er dafür nun im wahrsten Sinne des Wortes „ackern", sich anstrengen und abmühen [1. Mose 3,17].

Gott gibt uns nicht auf

Doch in seiner überwältigenden Liebe gab Gott den Menschen nicht einfach auf. Genau wie ein beschützender Vater und eine fürsorgliche Mutter sorgt er sich um alle seine Kinder. Wir können auf dieser Welt, egal wie marode sie manchmal scheinen mag, immer noch entdecken, wie er sich das Leben für uns eigentlich wünscht. Mitten im Leid stoßen wir auf Zeichen seiner Liebe und Fürsorge. Alles, womit wir zu kämpfen haben, kann Gott dazu nutzen, um uns von der Macht, die die Sünde über uns und die Welt hat, für immer zu befreien. Aus allem, was uns passiert, kann er etwas Gutes machen.

So ist Gott wirklich

In der Bibel wird beschrieben, wie Gott ist: unendlich liebevoll, mitfühlend und voller Herzensgüte. Die Bibel erzählt auch von Mose, der von Gott den Auftrag bekam, das Volk der Israeliten aus der ägyptischen Sklaverei zu befreien. Dieser Mose wünschte sich, Gott in seiner ganzen Größe und Herrlichkeit zu sehen [2. Mose 33,18–19]. Und tatsächlich erhielt er einen beeindruckenden Einblick in die Wesenszüge Gottes, der zu ihm sagte:

„Ich bin der Herr, der barmherzige und gnädige Gott. Meine Geduld, meine Liebe und Treue sind groß. Diese Gnade erweise ich Tausenden, indem ich Schuld, Unrecht und Sünde vergebe" [2. Mose 34,6–7] Der Prophet Micha schrieb später: „Wo ist ein Gott wie du? … Der nicht für immer an seinem Zorn festhält, sondern der sich freut, wenn er barmherzig sein kann?" [Micha 7,18]

Immer wieder suchte Gott nach Mitteln und Wegen, um uns zu zeigen, wie er wirklich ist und wie sehr er uns Menschen liebt. Dazu nutzte er Bilder aus der Natur oder aus zwischenmenschlichen Beziehungen, wie zum Beispiel die Liebe von Eltern zu ihren Kindern oder die Liebe, die Freunde miteinander verbindet. So können wir ansatzweise erahnen: Gottes Liebe ist in Wirklichkeit so groß, dass wir sie niemals vollends begreifen werden.

Fälscher von Beruf

Woran liegt es dann aber, dass Gott so viele Menschen trotz seiner ganzen Mühe nicht erreicht? Es gibt einen Gegenspieler. Einen, der all diese Initiativen Gottes, die Herzen der Menschen zu berühren, gezielt bekämpft. Dieser Gegenspieler heißt Satan, er ist der Feind alles Guten.

Satan – der Feind Gottes

Dass es das Böse wirklich gibt, kann niemand abstreiten. Die Bibel lehrt, das Böse sei im Herzen des höchsten Engels namens Luzifer entstanden, als er wie Gott sein wollte, sich deshalb gegen ihn auflehnte und durch Lügen Misstrauen gegen Gott säte (Jesaja 14,12–14). So wurde er zum Satan, was im Hebräischen „Widersacher" oder „Feind" bedeutet, und verführte einen Teil der Engel zum Aufstand gegen Gott (Offenbarung 12,7–9). Damit verwandelten sie sich in böse Geister, sprich Dämonen, die gegen Gott arbeiten und Menschen von ihm wegziehen wollen.

Satan ist ein gefährlicher Feind. Aber gleichzeitig ist er auch ein besiegter Feind. Als Jesus am Kreuz starb, deckte er dessen wahren Charakter als Lügner und Mörder auf (Johannes 8,44). Das deutsche Wort *Teufel* ist abgeleitet vom griechischen *diabolos*, das im Neuen Testament verwendet wird und wörtlich „Durcheinanderwerfer", im Sinne von „Verleumder" bedeutet.

Satan sind alle Mittel recht, solange er es nur schafft, Gottes Wesen in den Augen der Menschen zu verfälschen. Sie sollen ihn für einen unbarmherzigen Richter halten, der mit Argusaugen nach Fehlern sucht, für die er die Menschen bestrafen kann.

Das Gesicht Gottes

Gott ließ sich den radikalsten Weg einfallen, der überhaupt möglich ist, um dieses Zerrbild zu beseitigen: Er selbst kam als Mensch auf diese Erde – in der Person seines Sohnes Jesus Christus. Denn schließlich kennt niemand den Vater besser als sein Sohn (Matthäus 11,27). Daher konnte Jesus einem seiner Schüler sagen: „Wer mich sieht, der sieht den Vater." (Johannes 14,9 LB)

Jesus Christus war also nicht nur das sichtbare Gesicht Gottes. Nein, er war auch sein Mund, seine Hände und seine Füße. Seine Mission auf dieser Erde fasste er deshalb mit folgenden Worten zusammen: „Der Geist des Herrn ruht auf mir, denn er hat mich gesalbt, um den Armen die gute Botschaft zu verkünden. Er hat mich gesandt, Gefangenen zu verkünden, dass sie freigelassen werden, Blinden, dass sie sehen werden, Unterdrückten, dass sie befreit werden und dass die Zeit der Gnade des Herrn gekommen ist." (Lukas 4,18-19)

Ein Mensch wie du und ich

Mit seinen Worten und Taten bewies er, dass Satan ein Lügner ist. Es gab Dörfer, in denen jammerte und weinte niemand mehr, nachdem Jesus dort gewesen war und die Kranken geheilt hatte. Er ging mit allen Menschen gleich liebevoll und feinfühlig um, ganz egal welchen Alters oder Ansehens. Auf seinem Gesicht strahlte immer eine unbeschreibliche, ja himmlische Liebe. Selbst kleine Kinder fühlten sich zu ihm hingezogen.

Jesus hatte es nicht nötig, anderen zu schmeicheln, Dinge oder Ereignisse schönzufärben, um das Vertrauen der Menschen zu gewinnen. Das ist die Strategie Satans. Jesus dagegen hielt die Wahrheit nie zurück, wurde dabei aber nie verletzend. Er zog eine klare Linie zwischen menschlicher Schwäche und Heuchelei, zwischen Unglaube und Boshaftigkeit. Selbst wenn er jemanden zurechtweisen musste, war er dabei tief betroffen. So weinte er beispielsweise beim Anblick der Stadt Jerusalem, deren Einwohner er so liebte, obwohl die meisten ihn als Lebensgeber und Retter ablehnten.

Jeder Mensch ist unendlich wertvoll

Selbstlosigkeit und Fürsorge: Davon war das Leben des Sohnes Gottes auf der Erde geprägt. In seinen Augen ist jeder Mensch unendlich wertvoll – und das zeigte er auch. Jesus ist Gott, aber seine göttliche Herkunft hinderte ihn nicht daran, alle Menschen respektvoll zu behandeln. Trotz des Grabens der Sünde sah er keine unwiderruflich von Gott getrennten Geschöpfe vor sich, sondern potenzielle Mitglieder der Familie Gottes, die er unbedingt zurückgewinnen wollte.

So ist Jesus Christus und so ist Gott! Wer die Rücksicht, Fürsorge und Opferbereitschaft des Sohnes Gottes bewundert, bewundert gleichzeitig die Liebe und Anteilnahme des Vaters, denn „wer mich sieht, der sieht den Vater", sagte Jesus (Johannes 14,9 LB).

Welch ein Tausch!

Der Sohn Gottes wurde zum Menschen, um gleich eine doppelte Mission zu erfüllen. Zum einen wollte er zeigen, wie Gott wirklich ist. Zum anderen lebte, litt und starb er, um uns Menschen zu erlösen. Gott der Vater ließ zu, dass sein geliebter Sohn sein herrliches Zuhause im Himmel verließ, um für einige Jahrzehnte in einer Welt zu leben, die von der Sünde ruiniert war und nichts mehr von ihren paradiesischen Anfängen erahnen ließ.

Jesus tauschte die Geborgenheit beim Vater gegen die Ablehnung der Menschen. Er tauschte die Anbetung der Engel gegen Beleidigungen, Demütigungen und Hass. Den Tod, den eigentlich wir verdient haben, nahm er auf sich: „Wegen unserer Vergehen wurde er durchbohrt, wegen unserer Übertretungen zerschlagen. Er wurde gestraft, damit wir Frieden haben. Durch seine Wunden wurden wir geheilt!" (Jesaja 53,5)

Was musste Jesus Christus auf der Erde alles durchmachen?! In der Wüste erlebte der unschuldige Sohn Gottes die direkte Konfrontation mit Satan – mit dem, der alles Leiden verursacht. Am Ende seines irdischen Lebens spürte er im Garten Gethsemane, wie schwer die Sünde aller Menschen und aller Zeiten wog. Diese Last würde er in Kürze auf sich nehmen. Er hatte immer in engster Verbundenheit mit seinem Vater gelebt und war nie auch nur eine Stunde von ihm getrennt. Als er am Kreuz hing, um auf überaus qualvolle und die damals schändlichste Weise hingerichtet zu werden, spürte er die undurchdringliche Mauer der Sünde, die sich zwischen seine geliebten Menschen und seinen Vater gestellt hatte. In diesem Moment brach der unvorstellbar starke innere Schmerz aus ihm heraus: „Mein Gott, mein Gott, warum hast du mich verlassen?" (Matthäus 27,46) Das war es, was dem Sohn Gottes das Herz brach: die ungeheure Schwere der Sünde – unserer Sünde – und das Gefühl, auf ewig von seinem Vater getrennt zu sein.

Die Vaterliebe Gottes

Wenn man als Erwachsener einem zweijährigen Kind die Hand geben will, muss man sich bücker, damit das Kind seine Hand in die eigene legen kann. So ähnlich beugte sich Gott in Jesus Christus zum Menschen und sagte: „Hier hast du meine Hand, nun gib mir deine."

Ein König fragte einmal seinen gläubigen Minister, warum denn Gott in Gestalt seines Sohnes selbst auf die Erde kommen musste, um die Menschen zu retten, wo er doch genügend Engel habe, die das hätten erledigen können.

Der Minister schwieg darauf zunächst. Dann ließ er eine Puppe anfertigen, die dem zweijährigen Königssohn in Gestalt und Aussehen aufs Haar glich. Bei einer Bootsfahrt des Königs ließ er die Puppe ins Wasser stoßen. In der Annahme, es sei sein Kind, sprang der Vater ins Wasser, um seinen Sohn zu retten. Auf die Frage des Ministers, warum er selbst sein Kind habe retten wollen, während doch ein Wort an seine Diener genügt hätte, antwortete der König: „Es ist das Herz des Vaters, das so handeln musste."

Der Vater litt mit

War dieses große Opfer denn nötig, um Gott gnädig zu stimmen? Nein, umgekehrt! Gott liebt uns nicht aufgrund des übermenschlichen Opfers seines Sohnes, sondern er sorgte selbst für das Opfer, weil er uns liebt! Eine ähnliche Geschichte auf menschlicher Ebene erzählt die Bibel im Alten Testament, als Abraham beinahe seinen Sohn Isaak geopfert hätte (1. Mose 22). Johannes, der Schreiber des gleichnamigen Bibelbuches, hielt fest: „Denn Gott hat die Welt so sehr geliebt, dass er seinen einzigen Sohn hingab, damit jeder, der an ihn glaubt, nicht verloren geht, sondern das ewige Leben hat." (Johannes 3,16)

Es war nicht so, dass der Vater nur mit einem halben Auge und in sicherer Entfernung das unfassbare Leiden beobachtet hätte. Er litt mit seinem Sohn, als er im Garten Gethsemane Todesängste ausstand, und ebenso am Kreuz, als er an einem gebrochenen Herzen starb. Der Apostel Paulus formulierte es so: „Denn Gott war in Christus und versöhnte so die Welt mit sich selbst." (2. Korinther 5,19)

Dass Jesus Christus dieses Opfer freiwillig brachte, machte die Liebe seines Vaters nur noch größer (Johannes 10,17). Was Jesus fühlt, lässt sich vielleicht so beschreiben: *Dass ich eure Schuld auf mich genommen habe, hat die Liebe des Vaters zu mir vertieft. Dank meines Opfers kann Gott nun beides: gerecht sein und gleichzeitig alle freisprechen, die an mich glauben.*

Der Gerechtigkeit wurde Genüge getan

Es geschah vor langer Zeit im Kaukasus. Der Fürst Schamyl hatte streng verboten, sich an der Kriegsbeute zu vergreifen, denn sie sollte dem ganzen Stamm gehören. Die Übertretung des Gebotes sollte mit hundert Peitschenhieben bestraft werden.

Doch kurz darauf wurde es missachtet – ausgerechnet von der alten Mutter des Fürsten! Sollte er auf die Vollstreckung der Strafe verzichten, um sie zu schonen? Das hätte seine Gerechtigkeit infrage gestellt und seine Autorität für immer untergraben. Nach einer Bedenkzeit verkündete der Fürst seinen Entschluss: Die Strafe wird vollstreckt!

Als der erste Hieb auf den bloßen Rücken der Mutter niederging, riss er sich den Mantel herunter, warf sich über seine Mutter und rief den Soldaten zu: „Schlagt weiter! Und keinen Schlag zu wenig!" Die Mutter war gerettet, zugleich aber zeigte der blutige Rücken des Fürsten, wie ernst es um die Geltung seiner Gesetze, um das Recht und die Gerechtigkeit in seinem Land bestellt war.

Ein Geschenk an die Menschheit – für immer!

Jesus Christus ist absolut einzigartig: Nur er konnte uns zeigen, wie der Vater ist, weil nur er die Dimension der Liebe Gottes wirklich kennt. Und nur er konnte uns befreien: Denn Jesus ist der höchste Ausdruck der Liebe seines Vaters zu uns Menschen auf der anderen Seite des Grabens.

Als der Vater seinen einzigen Sohn hergab [Johannes 3,16], lieh er ihn nicht etwa zeitweise an den Menschen aus. Nein, er schenkte ihn den Menschen regelrecht, die durch die Sünde von ihm getrennt waren! Jesus Christus identifizierte sich so stark mit unseren Anliegen und Sorgen, dass er sich mit uns verbrüderte und für immer verband.

Jesus Christus ist alles in einer Person: unser Opfer, unser Bruder und unser Anwalt, der unsere Anliegen vor dem Vater vertritt. Und das tut er in menschlicher Gestalt – so tief ist seine Verbundenheit mit den Menschen, die er erlöst hat! Ist das nicht Motivation genug, um Gott immer mehr Raum in unserem Leben zu geben, seine Liebe quasi in uns aufzusaugen und sie dann anderen weiterzuschenken?

Der Preis, den Gott für unsere Befreiung bezahlte, ist unvorstellbar hoch. Das lässt uns erahnen, wie viel wir ihm wert sind. Dadurch dass Jesus unser Bruder wurde, dürfen wir Menschen Kinder Gottes sein [1. Johannes 3,1] – ist das nicht überwältigend?

Durch das Opfer von Jesus wurde die Kettenreaktion gestoppt

Vor Jahrzehnten kam es in einem amerikanischen Atomkraftwerk zu einem Störfall. Die Kettenreaktion im Reaktor nahm ein beängstigendes Tempo an. Die Katastrophe, die Zehntausende das Leben kosten würde, musste aufgehalten werden! Da ging ein junger jüdischer Physiker in die Reaktorkammer, erledigte dort die nötigen Arbeiten und brachte die Kettenreaktion wieder unter Kontrolle.

Radioaktiv verseucht verließ er die Kammer. Bald darauf starb er unter furchtbaren Qualen.

Vor fast 2000 Jahren starb Jesus qualvoll an einem Kreuz, um die Kettenreaktion des Bösen zu unterbrechen. Er rettete so Milliarden Menschen vor dem ewigen Tod. Wir dürfen für immer mit ihm leben!

Stärker als der Tod

Die Liebe Gottes ist einmalig. Sie ist stärker als der Tod, beflügelt unser Denken und bleibt doch letztlich unbegreiflich: Wie kann Gott Menschen, die ihn doch hassten, so sehr lieben? Über die Liebe Gottes nachzudenken, verändert unser Innerstes. Es bringt unsere Wünsche und Motive immer stärker in Einklang mit dem, was Gott sich für uns wünscht. Wenn wir uns mit dem Geschehen am Kreuz auseinandersetzen, dann werden uns neue Aspekte des Wesens Gottes klar. Zum Beispiel wie eng seine Gnade und Vergebungsbereitschaft mit Unparteilichkeit und Gerechtigkeit verwoben sind.

Beim Nachdenken über die Liebe Gottes können wir immer wieder neue Beweise für die Größe dieser Liebe entdecken – ein Ende ist nicht zu erwarten, weil seine Liebe grenzenlos ist. Sie übersteigt alles, was wir Menschen jemals über sie gedacht, gelesen oder geschrieben haben.

ZUM NACHDENKEN

■ Wo erkenne ich Spuren der Liebe Gottes?

■ Welche Aspekte der Liebe Gottes werden in der Beziehung von Eltern zu ihren Kindern sichtbar; welche in Partnerbeziehungen und welche in Freundschaften?

■ Dass der Sohn Gottes unser menschlicher Bruder wurde und sich für uns opferte, zeigt, wie wertvoll ich in Gottes Augen bin. Was löst dieses Wissen in mir aus?

KAPITEL 2

DER EINZIGE WEG
ZURÜCK INS LEBEN

Nach seiner Erschaffung war der Mensch erst einmal vollkommen. Weil er in einer intakten Beziehung zu seinem Schöpfer lebte, hatte er keinerlei böse Gedanken und seine Motive waren absolut aufrichtig. Als er begann, Gott zu misstrauen, und sich schließlich bewusst von ihm trennte, geriet er in die Abhängigkeit von Satan. Das stellte alles auf den Kopf: Egoismus trat an die Stelle der Liebe. Die ursprüngliche Freude an der innigen Gemeinschaft mit Gott verwandelte sich in Angst davor, ihm zu begegnen. Die Moral des Menschen wurde so geschwächt, dass er unfähig war, zu den schillernden Verlockungen der Sünde Nein zu sagen. Satans Plan sah vor, die Erde mit Leid zu füllen und sie am Ende gänzlich zu verwüsten. Dafür gaukelte er den Menschen vor, das Gott hinter allem Leid steckt und dass sein erster Fehler darin bestand, sie überhaupt erschaffen zu haben.

Gottes Nähe wäre unerträglich

Die Menschen wurden praktisch Gefangene Satans. Und sie wären es für immer geblieben, hätte Gott nicht eingegriffen. Wie sah dieses Eingreifen aus? Es ist in erster Linie eine Erneuerung des Denkens, Wollens und Fühlens. Bevor diese Erneuerung stattfindet, fühlt sich der Mensch weder in der Nähe Gottes noch in der Gesellschaft der Engel wohl. Im Himmel leben zu dürfen, würde er als Strafe und nicht als Privileg empfinden. Die Liebe Gottes, die die Engel zum Jubeln bringt, würde ihn kaltlassen. Sein Egoismus würde ständig mit der Liebe und Selbstlosigkeit der heiligen Wesen kollidieren.

Es ist also nicht Gott, der jene Menschen vom Himmel ausschließt, die ihn ablehnen. Sie müssen selbst mit der Folge ihrer Entscheidung leben! Sie könnten die Größe und Macht Gottes nicht ertragen. Sie wären wie trockene Strohhalme, die zu nah ans Feuer gelangen – und einfach versengen.

Eine verhängnisvolle Täuschung

Könnten wir denn aus diesem tiefen Graben der Sünde aus eigener Kraft herauskommen? Nein, das funktioniert nicht. Die Wurzel des Problems steckt sehr tief, nämlich in unserem Herzen. Und das können wir weder durch Erziehung oder Bildung noch durch sonst irgendeine menschliche Anstrengung verändern. Es bedarf einer übernatürlichen Kraft, damit ein Mensch grundlegend verändert werden kann. Diese Kraft hat nur einer: Jesus. Er sagte: „Wenn jemand nicht von Neuem geboren wird", sprich wenn sein Denken, Wollen und Fühlen nicht verändert werden, „kann er das Reich Gottes nicht sehen." (Johannes 3,3)

Wiedergeburt: die innere Erneuerung

Wenn sich ein Mensch Christus anvertraut, dann werden sein Denken und Wollen von Grund auf verändert. Diese innere Erneuerung nennt Paulus „Wiedergeburt" (Titus 3,5 LB). Damit beginnt ein Leben als Kind Gottes, des liebevollen Vaters.

Wer von einem nicht wiedergeborenen Menschen verlangt, dass er sich wie ein Christ verhält, gleicht jemandem, der auf einem wilden Baum edle Birnen sucht. Der Erweckungsprediger Aloys Henhöfer erklärte dazu:

„In meinem Garten steht ein Holzbirnbaum. Wenn ich dem alle Tage predigte, er müsse [edle] Bergamottbirnen tragen, dann würde er antworten: ‚Du bist ein dummer Pfarrer! Ich bin ja ein Holzbirnbaum, wie kann ich da edle Birnen tragen!' Die Zweige müssen abgesägt, der Wildling muss veredelt werden, indem ein neues Reis eingepfropft wird, sonst kann er niemals edle Früchte tragen. So muss unser Herz veredelt werden. Jesus, der Erlöser, muss dort einziehen, dann kommt das andere von selbst."

Es ist eine verhängnisvolle Täuschung, zu glauben, es würde schon ausreichen, einfach das Gute auszubauen, das im Menschen von Natur aus steckt. Der Apostel Paulus hatte erkannt, welche große Macht die Sünde hat. Er schrieb: „Ich aber bin als Mensch wie in die Sklaverei verkauft und werde von der Sünde beherrscht. Ich weiß, dass mein Handeln falsch ist … Aber ich kann mir selbst nicht helfen … Denn immer wieder nehme ich mir das Gute vor, aber es gelingt mir nicht, es zu verwirklichen. Wenn ich Gutes tun will, tue ich es nicht. Und wenn ich versuche, das Böse zu vermeiden, tue ich es doch." [Römer 7,14.16–19]

Paulus sehnte sich so sehr nach Erneuerung und nach der Redlichkeit, die er aus sich selbst heraus nicht erreichen konnte. Und so rief er aus: „Was bin ich doch für ein elender Mensch! Wer wird mich von diesem Leben befreien, das von der Sünde beherrscht wird?" [Römer 7,24]

Der einzige Weg zurück ins Leben

Es blieb glücklicherweise nicht bei diesem verzweifelten Ausruf. Denn Paulus fand den Einen, der uns aus dieser Verstrickung befreien kann: „Jesus Christus, unser Herr!" [Römer 7,25] Es ist derselbe, den Johannes der Täufer vorstellte: „Seht her! Da ist das Lamm Gottes, das die Sünde der Welt wegnimmt!" [Johannes 1,29] Wir würden unter der Last unserer Sünde einfach zusammenbrechen. Jesus Christus aber ist sozusagen unser Opfertier, das Lamm, das diese Last auf sich nimmt. Er ist der einzige Weg zurück ins Leben: „In ihm allein gibt es Erlösung! Im ganzen Himmel gibt es keinen anderen Namen, den die Menschen anrufen können, um errettet zu werden." (Apostelgeschichte 4,12)

Ein Traum voller Hoffnung

Im Alten Testament können wir von einem bemerkenswerten Traum lesen, der zeigt, wie Gott die Brücke vom Himmel zum Menschen schlägt (1. Mose 28,10-22). Jakob war gerade von zu Hause geflohen, nachdem er seinen Bruder Esau betrogen hatte. Nun fühlte er sich schuldig und mutterseelenallein – von Menschen und von Gott verstoßen. Nach Sonnenuntergang legte er sich zum Schlafen draußen auf den Boden.

In der Nacht hatte er einen Traum: Er sah eine riesige Leiter, die vom Erdboden bis in den Himmel reichte. Daran stiegen Engel hinauf und hinab, während Gott persönlich auf der Spitze der Leiter stand. Er rief Jakob zu, dass er ihn niemals verlassen würde, und gab ihm Versprechen für eine glorreiche Zukunft. Da verstand Jakob, was er jetzt am meisten brauchte: jemanden, der ihn rettet.

Jesus überbrückte die Kluft

Jahrhunderte später griff Christus diesen Traum auf, um zu erklären, was mit der geheimnisvollen Leiter gemeint war: er selbst. Denn er ist der einzige mögliche Vermittler zwischen Gott und den Menschen (Johannes 1,51). Durch die allererste Sünde im Paradies wandte der Mensch Gott bewusst den Rücken zu. Die Erde wurde vom Himmel getrennt. Aber durch Christus wurde sie wieder mit dem Himmel verbunden. Mit seinem Leben und Sterben überbrückte er den Graben der Sünde. In ihrer Schwäche und Hilflosigkeit verbindet Christus alle Menschen mit der Quelle des Lebens und unendlicher Kraft!

Der Sündenfall: Es ging nicht um einen Apfel

Als Adam und Eva von Satan zur Sünde verführt wurden, ging es nur vordergründig um das Essen einer Frucht vom Baum der Erkenntnis des Guten und Bösen. Die Verlockung bestand vor allem darin, zu sein wie Gott – allwissend und unsterblich (1. Mose 3,1–6). Sünde bedeutet nicht nur eine Übertretung der Gebote Gottes (1. Mose 2,16-17; 3,11). Sie ist vor allem der Versuch, von Gott unabhängig zu sein. Einzelne Sündentaten sind nur die Folge der Trennung von Gott und des mangelnden Vertrauens zu ihm.

Sünde hängt sprachlich mit „Sund" zusammen. Dieses Wort bezeichnet eine tiefe Meerenge, die Land voneinander trennt, das eigentlich zusammengehört. So trennt die Sünde Gott und Mensch voneinander, obwohl der Mensch für die Gemeinschaft mit Gott erschaffen wurde.

Wir Menschen können also von uns aus nichts tun, um diesen Graben zu überwinden. Das Einzige ist, zu verstehen dass wir von Gott getrennt sind. Und für uns anzunehmen, dass Jesus zur rettenden Brücke geworden ist. Er ist der einzige Weg zurück zu Gott und kann deshalb sagen: „Ich bin der Weg, die Wahrheit und das Leben. Niemand kommt zum Vater außer durch mich." [Johannes 14,6]

Wundervolle Aussichten

Was ist stärker als der Tod? Es ist die Liebe, mit der Gott sich aus vollem Herzen nach den Menschen sehnt. Als er seinen Sohn hergab, schenkte er uns mit ihm den ganzen Himmel. Ja, der ganze Himmel ist an der Erlösung der Menschen beteiligt!

Es gibt so viele Gründe, darüber nachzudenken, was Gott getan hat, um uns von der Macht der Sünde zu befreien und zurück nach Hause zu bringen. Bei Gott zu leben, in unmittelbarer Gemeinschaft mit ihm und seinem Sohn Jesus Christus, ihre Liebe hautnah zu spüren, mit den Engeln zu sprechen, uns während der Ewigkeit weiterzuentwickeln – welch eine Aussicht! Sind das nicht wundervolle Aussichten, die tiefe Dankbarkeit auslösen? Sie vermögen es, in uns den Wunsch zu wecken, zu unserem Schöpfer und Erlöser von Herzen Ja zu sagen und seine ausgestreckte Hand zu greifen.

ZUM NACHDENKEN:

- Nicht nur der Philosoph Jean-Jacques Rousseau vertrat die Ansicht, der Mensch sei von Natur aus gut. Was ist daran richtig und was verkehrt, wenn man diese These mit den Aussagen der Bibel vergleicht?
- In welcher Situation habe ich erlebt, dass herzloses Verhalten von Gott und Mitmenschen trennt?
- Jesus ist der einzige Weg zu Gott und zum ewigen Leben. Inwieweit ist mir das verständlich?

KAPITEL 3

REUE,
DIE NIEMAND BEREUT

Was passiert mit einem Menschen, der erkennt, dass er vieles falsch gemacht hat, von Gott entfremdet ist und dringend Vergebung braucht? Er sehnt sich danach, wieder in Harmonie mit Gott zu leben!

Wie das möglich ist, beschreibt der Apostel Petrus so: „Tut nun Buße und bekehrt euch, dass eure Sünden getilgt werden." (Apostelgeschichte 3,19 LB) Buße, oder anders gesagt: Reue, schließt ein, dass einem bewusst ist, was man falsch gemacht hat, dass man weiß, warum es nicht in Ordnung war, dass es einem leidtut und dass man schließlich davon Abstand nimmt.

Buße im Sinne der Bibel

„Tut Buße" bedeutet wörtlich „Ändert eure Gesinnung" oder „Bereut". Es geht um die Änderung der inneren Einstellung gegenüber Gott und seinem Willen, wie wir ihn zum Beispiel in seinen Geboten nachlesen können.

Diese Bedeutung des Begriffs „Buße" ist heute kaum noch bekannt. Man spricht von „Bußübungen" und meint damit religiöse Rituale, oder von „Bußgeld", also einer Strafe oder Entschädigung für ein Vergehen. Oder man droht: „Das wirst du mir büßen!", und denkt an Vergeltung. Biblische Buße hat aber nichts mit irgendeiner einmaligen Aktion zu tun! Wer echte Reue empfindet, der will sein ganzes Leben auf den Kopf stellen.

Was beklagen wir eigentlich?

Viele Menschen jammern über die unangenehmen Folgen ihrer Sünden – anstatt über die Sünde selbst! So zum Beispiel Esau, der Bruder von Jakob, der den Traum mit der Himmelsleiter hatte. Er beschwerte sich, als er sein Erstgeburtsrecht für immer verloren sah. Oder der Prophet Bileam, der seine Schuld erst dann zugab, als sich ihm ein Engel mit gezogenem Schwert in den Weg stellte. Er fürchtete zwar um sein Leben, aber von echter Reue oder sogar einer Umkehr? Keine Spur. Oder der Jünger Judas Ischariot, nachdem er Jesus verraten hatte. Er rief zwar: „Ich habe gesündigt, ich habe einen Unschuldigen verraten." (Matthäus 27,4). Dieses Geständnis aber legte er nicht aus Trauer ab, sondern aus Angst; nicht etwa deshalb, weil es ihm leidtat, Jesus Christus verraten zu haben, sondern weil er sich vor dem Gericht Gottes fürchtete. Oder der Pharao, der die Israeliten als Sklaven hielt: Er gestand nach jeder Plage seine Schuld ein, um weiteren Interventionen Gottes zu entgehen. Aber sein Herz verhärtete sich immer wieder, sobald die Plagen vorbei waren.

Alle diese Männer beklagten offensichtlich die Folgen ihrer Sünden. Traurig über die eigentliche Sünde waren sie nicht.

Ein Beispiel echter Reue

Ein ganz anderes Beispiel liefert uns der König David: Er war moralisch ganz unten gelandet, hatte Ehebruch und einen Mord begangen. Er bereute zutiefst, was er getan hatte und versuchte nicht, seine Schuld schönzureden. Seine Bitte um Vergebung entsprang nicht dem Wunsch, um das angedrohte Gericht herumzukommen. David graute es vor seiner Sünde; deshalb bat er Gott nicht nur um Vergebung, sondern auch darum, ihm ein reines Herz zu schenken: „Gott, sei mir gnädig um deiner Gnade willen und vergib mir meine Sünden nach deiner großen Barmherzigkeit. Wasche mich rein von meiner Schuld und reinige mich von meiner Sünde. Denn ich bekenne meine Sünde, die mich Tag und Nacht verfolgt. Gott, erschaffe in mir ein reines Herz und gib mir einen neuen, aufrichtigen Geist." (Psalm 51,3–5.12)

Das Gewissen – der innere Empfänger

Unser Gewissen funktioniert wie ein innerer „Empfänger", der sich zu Wort meldet, wenn unser Handeln nicht mit dem übereinstimmt, was wir für richtig und moralisch einwandfrei halten. Da das Gewissen durch die Sünde zunehmend abstumpft, kann man es nicht generell als „Stimme Gottes" im Menschen bezeichnen.

Wer um der inneren Ruhe willen sein Gewissen zum Schweigen bringt, gleicht einem Mann, der eines Nachts seinen Hund erschoss, weil der unaufhörlich bellte. Am Morgen merkte er, dass ein Einbrecher ihn bestohlen hatte.

Ähnlich wie mechanische Uhren ab und zu nachgestellt werden müssen, so muss auch unser Gewissen immer wieder neu am Maßstab der Gebote Gottes ausgerichtet werden. Nur so bleibt es empfangsbereit für die sanfte Stimme des Heiligen Geistes.

Davids Erfahrung zeigt, was passiert, wenn jemand sein Herz öffnet und den Heiligen Geist einlädt, hineinzukommen: Das Gewissen wacht auf und er beginnt zu spüren, wie heilig und groß Gott ist. Erst einmal wird der Mensch erschrecken, wenn ihm seine Schuld bewusst wird. Er zerbricht aber nicht daran! Denn gleichzeitig begreift er die unendliche Liebe Gottes. Und wünscht sich deshalb nichts sehnlicher, als seine Schuld loszuwerden und zu Gott zu gehören.

Wie kommt echte Reue zustande?

So tief und aufrichtig bereuen kann aber kein Mensch aus eigener Kraft. Es funktioniert nur mit Jesus, denn er ist „das wahre Licht, das alle Menschen erleuchtet, die in diese Welt kommen" (Johannes 1,9 LB). Tragischerweise glauben viele Menschen, dass sie sich erst dann mit Christus beschäftigen dürften, wenn sie bereuen, was sie Falsches getan haben. Sie meinen, dass diese Reue die unabdingbare Bedingung dafür sei, dass ihnen ihre Sünden vergeben werden. Tatsächlich steht vor der Vergebung, wie oben in den Beispielen beschrieben, die echte Reue. Aber die Bibel sagt an keiner einzigen Stelle, dass ein Mensch, der etwas Schlimmes angestellt hat, seine Tat zwingend bereuen muss, bevor er der großartigen Einladung von Jesus folgen darf: „Kommt alle her zu mir, die ihr müde seid und schwere Lasten tragt, ich will euch Ruhe schenken." (Matthäus 11,28) Jesus schenkt also seine göttliche Kraft gleich noch dazu, die es uns möglich macht, von ganzem Herzen Reue zu empfinden!

Zu echter Reue gehört also beides: Wir brauchen den Heiligen Geist, der unser Gewissen weckt, genauso dringend, wie Christus, der uns unsere Sünden vergibt. Der Heilige Geist ist es also, der uns sachte verstehen lässt, dass wir gerade etwas Falsches tun. Jedes Mal, wenn uns unsere Fehlerhaftigkeit bewusst wird und wir uns danach sehnen, dem Vorbild von Jesus besser zu entsprechen, beweist das: Der Heilige Geist berührt unser Herz.

Der Blick, auf den es ankommt

Wie der Heilige Geist das tut? Er lenkt unseren Blick auf Jesus, der für unsere Sünden am Kreuz auf Golgatha gebüßt hat. Er lässt uns die unbegreifliche Liebe Gottes erkennen. Denn die rührt unser Herz an, sie lässt den Verstand staunen und sie hilft uns, unsere Fehler aufrichtig zu bereuen. Immer wenn Menschen daraufhin versuchen, sich zu verändern, ist es Jesus, der sie dazu animiert. Wenn der Heilige Geist uns dazu bringt, auf Jesus am Kreuz zu schauen, dann stellt sich uns unweigerlich die Frage: „Wie gravierend ist die Sünde, dass es zu unserer Erlösung so ein großes Opfer brauchte? Waren diese Liebe, diese Leiden und diese Erniedrigung tatsächlich nötig, damit wir ewig leben dürfen?"

Frisches oder abgestandenes Wasser?

Der Heilige Geist spricht also zu den Herzen der Menschen. Er ist es, der in ihnen die Sehnsucht nach dem weckt, was ihnen fehlt. Was es in dieser Welt auch für Angebote gibt, kann diese Sehnsucht nicht stillen. Gottes Geist lässt sie verstehen, wer ihnen allein Frieden und Ruhe schenken kann: Es ist Jesus, der so unglaublich liebevoll und sanft ist. Die Angebote dieser Welt sind wie abgestandenes Wasser aus einem gammeligen Brunnen. Gott dagegen bietet klares, pures, frisches Wasser an, das den Durst der Seele stillt: „Wer durstig ist, der komme. Wer will, soll kommen und umsonst vom Wasser des Lebens trinken!" (Offenbarung 22,17)

Wenn wir diesen Durst nach dem Wasser des Lebens spüren und Jesus darum bitten, dann schenkt er uns seine unendliche Liebe, und wir verstehen, wie vollkommen er ist. Dabei wird uns bewusst, wie hilflos und egozentrisch wir eigentlich sind. Gleichzeitig keimt in uns die Sehnsucht nach einem ganz neuen Anfang auf, vielleicht auch ohne dass wir es so beschreiben können. Genau wie bei Nikodemus, dem jüdischen Gelehrten, der sich für ein heimliches, nächtliches Gespräch mit Jesus verabredet hatte (Johannes 3,1–21).

Unsere weiße Weste

Wenn wir Jesus begegnen, dann wird uns deutlich, dass wir uns mit seiner Vollkommenheit, seiner Liebe und Treue wirklich nicht messen können. Selbst wenn wir – wie Paulus – meinen, ein Leben geführt zu haben, das allen Gesetzen entsprach und absolut unanfechtbar war, verstehen wir mit Blick auf Jesus, dass unsere „weiße Weste" eher zerschlissenen und fleckigen Altkleidern gleicht. Ganz neu einkleiden kann uns nur einer: Jesus Christus. Denn nur er kann unser Innerstes neu machen.

Gibt es Fehler, die schlimmer sind als andere?

Gott ist gerecht. Er tut keinen Fehltritt einfach als unbedeutend ab. Ist es nicht so, dass wir Menschen zum Beispiel Überheblichkeit, Egozentrik und Profitgier als nicht so schlimm ansehen? Gott dagegen empfindet solche Eigenschaften als besonders schlimm. Denn sie stehen absolut im Widerspruch dazu, wie er ist – nämlich grenzenlos liebevoll und einfühlsam. Wenn jemand richtig tief im Sumpf steckt, wird er deutlich spüren, wie sehr er auf die Liebe und Hilfe von Jesus angewiesen ist. Jemand, der eingebildet ist, wird dagegen nicht merken, dass er einen Mangel leidet. Und daher auch nicht die Notwendigkeit wahrnehmen, sich von Christus lieben und heilen zu lassen.

Diesen Umstand illustriert eine Geschichte, die Jesus erzählte, sehr eindrücklich (Lukas 18,9–14): Zwei Männer gingen in den Tempel, um zu beten. Der (damals besonders verachtete) Zollbeamte spürte seine Schuld schwer auf seinen Schultern lasten und bat Gott deshalb voller Scham um seine Gnade. Der Pharisäer dagegen hatte keinerlei Gespür dafür, was bei ihm nicht in Ordnung war, und bat Gott daher – um nichts. Stattdessen hielt er Gott einen Vortrag über seine frommen Leistungen.

Vergebung – der Tausch mit Christus

Jesus Christus hat durch sein Opfer am Kreuz für unsere ganze Schuld gebüßt. Deshalb bekommt jeder, der darauf vertraut, seine Schuld erlassen. Damit ist er vor Gott „gerechtfertigt", das heißt, er steht vor Gott schuldlos und rein da (Kolosser 1,22).

Vergebung ist so etwas wie ein Tausch: Unsere Schuld wird von Christus übernommen, seine „Gerechtigkeit", also seine sündlose Rechtschaffenheit, wird uns aufgrund unseres Glaubens „gutgeschrieben" (Römer 4,5). Wenn man sich unsere Taten anschaut, müssten wir eigentlich verurteilt werden. Durch das stellvertretende Opfer von Jesus aber werden wir freigesprochen.

Klagt Satan uns an und verweist dabei auf unser Sündenregister – auf unser Fehlverhalten, unsere Übertretungen der Gebote Gottes, unser Versagen, unsere Lieblosigkeit, unsere Gier usw. –, dann stellt sich Jesus vor uns und verweist auf seine Vollkommenheit, die uns wie ein Mantel einhüllt. Es ist der Mantel oder auch die „Robe" der Gerechtigkeit von Christus (Jesaja 61,10). Damit stehen wir so vor Gott, als hätten wir nie irgendeinen Fehler gemacht (Sacharja 3,1–5).

Schrubben hilft nicht!

Viele Menschen erkennen zwar, dass sie Fehler machen und Vergebung sehr nötig hätten; sie trauen sich aber nicht, so zu Jesus zu gehen. Sie versuchen, an sich zu arbeiten, um sich zu verändern. Aber allein aus menschlicher Kraft und Initiative ist das unmöglich, so wie es für einen dunkelhäutigen Menschen unmöglich wäre, durch Schrubben seine Hautfarbe zu wechseln (Jeremia 13,23 Hfa).

Wir müssen nicht auf einen stärkeren Glauben, eine passendere Gelegenheit oder eine heiligere Stimmung warten. Wir dürfen zu Jesus genau so kommen, wie wir jetzt sind, und ganz egal, wie wir uns fühlen!

Falsche Sicherheit, faule Ausreden

Wird Gott am Ende alle Menschen retten? Also auch die, die sein Angebot der Erlösung ablehnen? Die Frage lautet: Warum musste Jesus für uns am Kreuz sterben, wenn es noch einen anderen Weg zur Rettung der Menschen geben sollte? Er litt und starb für uns, weil es keinen anderen Ausweg gibt. Er tat es, weil nur durch sein Opfer die Brücke über den Graben der Sünde gebaut werden konnte. Und er tat es auch deshalb, weil nur dadurch deutlich wurde, wie katastrophal tief und breit dieser Graben ist.

Verhängnisvoll ist auch, wenn jemand mit dem Finger auf die Schwächen vorgeblicher Christen zeigt und sagt: „Wo liegt denn der große Unterschied? Christen sind nicht selbstloser als ich. Ihr Lebensstil ist genauso hemmungslos wie meiner." Auf diese Weise finden sie in den Fehlern anderer eine Ausrede dafür, das Angebot Gottes abzulehnen. Sie schauen auf Menschen statt auf Christus. Dabei ist er das einzige absolut makellose Vorbild und er allein setzt die Maßstäbe, an denen wir uns orientieren sollten.

Sünde ist niemals harmlos

Wer die leise Stimme des Heiligen Geistes hört, sollte keine Sekunde zögern, ihr zu antworten. Er darf Jesus um eine „Generalreinigung" seines Herzens bitten und um die göttliche Kraft, sich von seinen Sünden zu lösen. Denn Sünde, die wir einfach so hinnehmen, weil wir sie für harmlos halten, wird uns hinterhältig ein Bein stellen und den Weg zum ewigen Leben versperren. Auch Adam und Eva konnten sich nicht vorstellen, dass etwas so scheinbar Nebensächliches wie das Essen dieser einen verbotenen Frucht so schreckliche Folgen haben könnte. Sünde ist niemals harmlos, denn Sünde trennt uns von Gott.

Die Sünde der ersten zwei Menschen trennte sie von ihrem Schöpfer. Und nicht nur das: Ihre Auswirkungen sind überall auf der Welt deutlich sichtbar – bis heute. Diese maßlose Lawine, die die Sünde auslöste, war nur durch das Opfer des Sohnes Gottes zu stoppen. Daher sollten wir Sünde nie für etwas Harmloses halten. Wenn wir an Fehlern und schlechtem Verhalten festhalten, auf das der Heilige Geist uns aufmerksam gemacht hat, wird unser Herz hart, unser Wille wird geschwächt und unser Verständnis von Moral stumpft ab. Wir sind nicht mehr sensibel dafür, die leise Stimme des Heiligen Geistes wahrzunehmen und ihr zu folgen.

Die lange Bank des Teufels

„Ich kann meinen Kurs ändern, wann immer ich will!" Das sagen viele, wenn sie die Einladung Gottes spüren, ihren Sünden ins Gesicht zu sehen und sie zu Jesus zu bringen. Sie versuchen damit, ihr Gewissen zu beruhigen. Je öfter man sich das einredet, desto schwieriger wird es, die Richtung des eigenen Lebens tatsächlich zu verändern und „das Ruder rumzureißen". Es ist eher wahrscheinlich, dass am Ende die sture Gleichgültigkeit gegenüber der herzlichen Einladung Gottes gewinnt; denn geduldete Sünde neutralisiert die Kraft seines Werbens.

Nicht gegen unseren Willen

Jesus ist jederzeit dazu bereit, uns von der Sünde zu befreien. Aber: Er zwingt niemanden dazu, sein Angebot anzunehmen! Wenn wir nicht in seine rettende Hand einschlagen wollen, was kann er mehr für uns tun? Wenn wir bewusst und entschlossen Nein zu Gottes Liebe sagen, entscheiden wir uns letztlich gegen das Leben. „Deshalb spricht der Heilige Geist: ‚Heute sollt ihr auf seine Stimme hören. Verschließt eure Herzen nicht gegen ihn.'" [Hebräer 3,7–8]

Ein sehr persönliches Anliegen

Gott kennt uns viel besser als wir uns selbst. Er kennt unsere Motive, unsere Pläne und Ziele. Gerade deshalb können wir so zu ihm kommen, wie wir sind, und wie König David beten: „Erforsche mich, Gott, und erkenne mein Herz, prüfe mich und erkenne meine Gedanken. Zeige mir, wenn ich auf falschen Wegen gehe und führe mich den Weg zum ewigen Leben." „Gott, erschaffe in mir ein reines Herz und gib mir einen neuen, aufrichtigen Geist." [Psalm 139,23–24; 51,12]

Es ist ein sehr persönliches Anliegen, das nur wir selbst mit Gott klären können. Und es ist ein ernstes Anliegen, denn es geht um nichts Geringeres als die Ewigkeit! Deshalb sollten wir über dieses Thema mit Gott reden und nachlesen, was in der Bibel darüber steht. Die Bibel zeigt uns beides: was Sünde ist und wie der Weg hinaus aussieht. Daher müssen wir nicht verzweifeln, wenn uns bewusst wird, wie tief der Graben der Sünde eigentlich ist. Jesus kam genau mit dem Ziel auf die Erde, uns Menschen von der Sünde zu retten. Wir müssen (und können) also nichts dafür tun, Gott mit uns zu „versöhnen" – er hat durch seinen Sohn Jesus Christus das bereits getan! (2. Korinther 5,19)

Geduldiger als die liebevollsten Eltern

Wir müssen nicht bei Gott um Gnade betteln – er ist es, der sich so sehr um unsere Liebe bemüht! Nicht einmal die liebevollsten Eltern der Welt bringen so viel Geduld für die Schwächen und Fehler ihrer Kinder auf, wie Gott es mit uns tut. Aus allen seinen Verheißungen und Warnungen in der Bibel spricht unvergleichliche Liebe. Deswegen brauchen wir uns nicht vom Teufel beeindrucken zu lassen, wenn er uns zuflüstert, wir seien unverbesserliche Sünder. Denn gerade für hoffnungslose Sünder ist Jesus auf die Erde gekommen. Und nicht für die, die sich keiner Schuld bewusst sind (1. Timotheus 1,15).

Seinem Schüler Petrus erzählte Jesus einmal eine Geschichte von zwei Dienern, die Schulden bei ihrem Herrn hatten. Der eine schuldete ihm eine kleine, der andere eine sehr große Summe, aber der Herr erließ sie ihnen beiden. Dann fragte Jesus, welcher von den beiden Schuldnern den Herrn nun wohl mehr lieben würde. Petrus antwortete darauf: „Ich nehme an, derjenige, dem er die größere Schuld erließ." (Lukas 7,43)

Wie treffend! Jesus starb, damit uns unsere Schuld erlassen wird. Wer wird ihn wohl am meisten lieben? Sicher diejenigen, die sich der Schwere ihrer Schuld am deutlichsten bewusst sind.

KAPITEL 4

BEKENNEN
BEFREIT

Damit Gott uns vergibt, brauchen wir nicht zu langen und anstrengenden Wallfahrten aufbrechen und auch keine quälenden Bußübungen machen. Jeder, der seine Sünden bekennt und meidet, wird Vergebung erfahren - so einfach ist das: „Wer seine Sünden verheimlicht, dem wird es nicht gut gehen. Aber wenn er sie bekennt und davon lässt, wird er Barmherzigkeit finden." [Sprüche 28,13]

Eingeständnis und Vergebung

Wenn wir einen Menschen beleidigen oder verletzen, sollten wir ihm gegenüber unsere Schuld eingestehen. Danach sollten wir auch Gott um Vergebung bitten. Denn der Mensch, den wir verletzt haben, gehört genau wie wir zu Gottes Familie. Indem wir ihn beleidigt haben, haben wir auch seinen – und unseren – Schöpfer und Erlöser verletzt.

Nur Freiwilligkeit zählt

Jeder, der seine Schuld eingesteht, wird von Gott angenommen. Zum Bekennen der Schuld, ob öffentlich oder privat, darf ein Mensch niemals gezwungen werden! Sein Eingeständnis sollte immer aufrichtig und freiwillig sein. Gleichzeitig bringt ein oberflächliches Einräumen nichts. Echtes Bekennen setzt voraus, dass der Mensch weiß, wie schwer die Sünde wiegt.

Wenn das Bekennen aus dem Innersten unserer Seele kommt, dann hört Gott ohne Frage in seiner grenzenlosen Anteilnahme das, was wir ihm sagen: „Der Herr ist allen nahe, die verzweifelt sind; er rettet die, die den Mut verloren haben." (Psalm 34,19)

Schuld zu verdrängen, macht krank

Der König David erfuhr nach seiner schweren Sünde, welche Folgen es hat, seine Schuld verdrängen oder vor Gott verschweigen zu wollen. Er schrieb darüber in einem Psalm: „Als ich mich weigerte, meine Schuld zu bekennen, war ich schwach und elend, dass ich den ganzen Tag nur noch stöhnte und jammerte. Tag und Nacht bedrückte mich dein Zorn, meine Kraft vertrocknete wie Wasser in der Sommerhitze. Doch endlich gestand ich dir meine Sünde und gab es auf, sie zu verbergen. Ich sagte: ‚Ich will dem Herrn meine Auflehnung bekennen.' Und du hast mir vergeben und meine Schuld weggenommen!" (Psalm 32,3–5)

Viele meinen, Sünde sei wie der Rauch aus einem Auspuffrohr, der sich schnell auflöst. Doch der Schein trügt: Die Giftstoffe im Abgas verteilen sich, auch wenn man sie nicht sieht. Die Schäden an der Gesundheit und der Umwelt sprechen Bände. Mit der Schuld ist es ähnlich: Sie verschwindet nicht dadurch, dass man sie verdrängt, verschweigt oder psychologisch uminterpretiert. Vielmehr macht sie seelisch und oft auch körperlich krank.

Sünde beim Namen nennen

Ehrliches Bekennen ist immer konkret – man gesteht damit einzelne Sünden ein. Vielleicht sind es nur solche Fehltritte, die allein Gott hören soll. Vielleicht gibt es aber auch Unrecht, das wir vor den Personen bekennen sollten, die wir dadurch verletzt haben. Und schließlich gibt es Sünden, die öffentlich bekannt werden sollten, weil ihre Folgen viele Menschen betreffen.

Zur Zeit des Propheten Samuel wurden die Israeliten mit Gottes Führungsstil unzufrieden und forderten, so regiert zu werden wie die anderen Nationen um sie herum. Welche Folgen ihre Undankbarkeit Gott gegenüber haben würde, überraschte sie später bitter. Frieden durch Vergebung fanden sie erst, als sie die Sünde beim Namen nannten (1. Samuel 12,19).

Der Beweis echter Reue

Wenn ehrliche Reue fehlt, kann Gott das Bekennen von Schuld nicht annehmen. Ist die Reue echt, dann werden entscheidende Veränderungen im Menschen angestoßen: Er will sich von allem abgrenzen, was nach Gottes Maßstäben falsch ist (Jesaja 1,16–17). Ist dagegen das moralische Empfinden durch die Sünde schon abgestumpft, bleibt der Mensch gegenüber seiner Schuld blind. Sein Bekennen kann dann nicht ehrlich sein, denn an jedes Schuldeingeständnis hängt er gleich eine Entschuldigung an.

Das Sündenbock-Spiel

Nachdem Adam und Eva von der verbotenen Frucht gegessen hatten, schämten sie sich und versuchten, ihre Tat zu rechtfertigen. Als Gott sie zur Rede stellte, wollte Adam die Schuld teils auf Gott und teils auf seine Gefährtin abwälzen: „Die Frau, die du mir zur Seite gestellt hast, gab mir die Frucht. Und deshalb habe ich davon gegessen." Eva wiederum schob die Schuld auf die Schlange: „Die Schlange verleitete mich dazu. Deshalb aß ich von der Frucht." (1. Mose 3,12–13)

Diese Ausreden enthalten einige unausgesprochene Fragen: Warum hast du die Frau geschaffen? Warum hast du die Schlange in den Garten Eden kommen lassen? Mit diesen unterschwelligen Vorwürfen machten sie Gott für ihren Fehler verantwortlich. Der Versuch, sich selbst zu rechtfertigen, geht auf den Teufel als Vater der Lüge zurück.

Solche Lippenbekenntnisse treffen bei Gott auf kein offenes Ohr. Wer wirklich bereut, steht zu seiner Schuld und gesteht sie ohne Verschleiern oder Heucheln ein. Genau wie der völlig zerknirschte Zolleinnehmer, der sich nicht traute, zum Himmel aufzublicken, kann er rufen: „O Gott, sei mir gnädig, denn ich bin ein Sünder." [Lukas 18,13] Allen, die zu ihrer Schuld stehen und sie bekennen, wird sie abgenommen, denn genau dafür hat Jesus mit seinem Blut bezahlt.

Befreiende Offenheit

Die Beispiele echter Reue, von denen die Bibel erzählt, enthalten weder Entschuldigungen noch Selbstrechtfertigungen. Selbst Paulus, der vor seiner Bekehrung die Christen brutal verfolgte, gestand seine Schuld öffentlich ein und versuchte gar nicht, sie abzumildern [Apostelgeschichte 26,10–11]. Er gab offen zu: „Christus Jesus kam in die Welt, um Sünder zu retten – und ich bin der Schlimmste von allen." [1. Timotheus 1,15]

Wer echt bereut, weiß die Liebe Gottes und den Wert des Opfers auf Golgatha zu schätzen. Er kann sich ganz ohne Angst mit seinen Sünden an Gott wenden, denn er weiß: „Wenn wir ihm [Gott] unsere Sünden bekennen, ist er treu und gerecht, dass er uns vergibt und uns von allem Bösen reinigt." [1. Johannes 1,9]

ZUM NACHDENKEN:
- Warum fällt es mir manchmal schwer, meine Schuld zuzugeben?
- Wann ist es nötig, dass ich meinen Fehltritt auch gegenüber meinem Mitmenschen eingestehe?
- Wie sieht echtes und ehrliches Bekennen aus?
- In welcher Situation habe ich das befreiende Gefühl erlebt, das auf Bekennen und Vergebung folgt?

KAPITEL 5

DER ENTSCHEIDENDE SCHRITT

Von Natur aus sind wir Menschen Gott ziemlich fern. Der Heilige Geist beschreibt unseren Zustand so: „Wie sah euer Leben früher aus? Ihr wart Gott ungehorsam und wolltet von ihm nichts wissen. In seinen Augen wart ihr tot." [Epheser 2,1 Hfa] „Euer Kopf ist krank und euer Herz ist schwach. Vom Scheitel bis zur Sohle gibt es nichts Gesundes an euch." [Jesaja 1,5–6] Aber Gott möchte uns so gerne heilen und von allem Leid frei machen. Dafür gibt es nur eine Voraussetzung: Wir müssen uns ihm zu hundert Prozent anvertrauen.

Keine Roboter

So eine komplette Umwandlung kann also erst dann stattfinden, wenn der Mensch sagt: „Gott, ich ordne mich dir völlig unter." Hier kommt leider auch der Teufel wieder ins Spiel: Denn er legt es darauf an, Gott so darzustellen, als würde dieser auf blinde Unterwürfigkeit, auf völlige Kontrolle durch Abschaltung der Vernunft setzen. Dabei ist genau das Gegenteil der Fall! Gott zielt auf unseren Verstand und auf unser Gewissen: „Kommt, wir wollen miteinander verhandeln, wer von uns im Recht ist, ihr oder ich." [Jesaja 1,18 Hfa]

Gott kann kein Anbeten annehmen, das nicht aus freien Stücken kommt. Erzwungenes Gehorchen und verordnete Unterwürfigkeit würden den Menschen zum Roboter degradieren. Eine freie Entwicklung des Verstands und des Charakters wären unmöglich. Gott wünscht sich aber für uns, dass wir uns als die Krone seiner Schöpfung so stark wie möglich entwickeln. Er lädt uns ein: *Komm, nimm meine Hand. Ich will mit dir einen großartigen Plan verwirklichen.* Es liegt ganz an uns zu entscheiden: Wollen wir die herrliche Freiheit als Kind Gottes genießen? Oder wollen wir Sklaven unserer Schuld bleiben?

Ganz oder gar nicht

Entscheiden wir uns für Gott, bedeutet das, konsequenterweise alles aufgeben, was uns von ihm trennen könnte. Was auch immer unser Herz von Gott wegzieht, sollten wir hinter uns lassen. Für viele Menschen ist es die Liebe zum Geld und das Verlangen nach immer mehr, was sie an das Böse bindet. Andere beten gesellschaftliches Ansehen und Prestige an. Manche haben noch ganz andere „Götzen": egoistische Bequemlichkeit und das Von-sich-Schieben jeglicher Verantwortung. Aus solchen Bindungen sollten wir uns schleunigst lösen! Denn wir können nicht halb Gott und halb dem Teufel gehören. Wir sind keine Kinder Gottes, solange wir es nicht ganz sind.

Wertlose Frömmigkeit

Viele Menschen bemühen sich auf der Suche nach Gott krampfhaft, die vermeintlichen Pflichten eines christlichen Lebens zu erfüllen. Sie glauben, Gott damit zu gefallen. Aber in Wirklichkeit versuchen sie, sich damit den Himmel zu verdienen. Das funktioniert nicht, so eine Art von Frömmigkeit ist wertlos. Wenn Jesus den Ehrenplatz in unseren Herzen hat, dann werden wir von seiner Liebe so erfüllt sein, dass wir gar nicht anders wollen und können, als ihn im Fokus zu haben. Wenn wir ihn in seiner unendlichen Liebe anschauen, können wir uns und alles, was uns belastet, vergessen. Dann ist es die Liebe zu ihm, die unser Handeln bestimmt.

Wer einmal ganz tief die Liebe Gottes gespürt hat, fragt nicht, wie wenig er tun muss, um Gottes Ansprüche zu erfüllen. Er fragt auch nicht nach den niedrigsten Maßstäben. Vielmehr sehnt er sich danach, am besten in allem mit dem Willen seines Erlösers übereinzustimmen. Ein Leben als Christ führen zu wollen, ohne diese tiefe Liebe zu haben, wäre nichts als leeres Gerede, trockene Formsache und schwere Schinderei (1. Korinther 13,1–3).

Was gab Jesus für mich?

Vermutlich denken sich viele, dass es ein viel zu großes Opfer sei, Jesus wirklich alles in die Hände zu legen und sich seinem Plan für unser Leben anzuvertrauen. Dann sollten wir uns fragen: Was gab Christus für mich? Und: Was opfern wir, wenn wir Jesus alles geben? Wir geben ihm unser Herz, das von Schuld erfüllt ist, damit er es heilen kann!

Er gönnt uns das Beste

Gott hat wirklich bei allem, was er tut, unser Wohl im Blick. Er verlangt niemals, dass wir das aufgeben, was uns gut tut. Warum erkennen so viele Menschen nicht, dass Gott uns so viel Besseres anbietet, als wir uns je erträumen könnten? Selbst seine Gebote wollen unsere Freiheit nicht einschränken. Sie zielen darauf ab, uns Leid, Tränen und Schmerz zu ersparen.

Wer Gottes Angebot ausschlägt, fügt sich selbst den größten Schaden zu. Wenn Gott uns vor etwas warnt, dann weil wir damit nicht glücklich würden. Denn er weiß, was das Beste für uns ist.

Die Gebote: Schutzplanken des Lebens

Wer bei den Begriffen „Gesetz Gottes" oder „Gebote Gottes" an Zwang oder Einschränkung denkt, hat etwas missverstanden. Gott will uns durch seine Gebote nicht einengen, sondern schützen. Sie sind keine Zäune, sondern Schutzplanken. Das Gebot „Du sollst nicht die Ehe brechen" schützt Ehe und Familie; das Gebot „Du sollst nicht töten" schützt das Leben, und das Sabbatgebot schützt uns vor zermürbender Rastlosigkeit.

Wer Gottes Gebote übertritt, landet früher oder später im Graben. Und wer sich ständig an ihnen reibt, hat die beiden großen Prinzipien des Gesetzes Gottes – die Liebe zu Gott und zum Nächsten –, die als „Mittellinie" dienen, aus den Augen verloren. Wer sich aber an ihnen orientiert, fühlt sich von ihnen nicht beschränkt, sondern weiß, dass sie das Leben und das Miteinander beschützen.

Frieden und Ruhe finden

Der, der die Welt geschaffen und befreit hat, nimmt uns so an, wie wir sind, mit all unseren Fehlern und Schwächen. Er befreit uns von unserer Schuld und kümmert sich um die tiefsten Sehnsüchte in unseren Herzen. Er will all jenen Frieden und Ruhe schenken, die bei ihm das „Brot des Lebens" suchen [Johannes 6,32–35].

Wenn wir regelmäßig von diesem „Brot" essen, sprich wenn wir in einer innigen Beziehung zu Jesus leben, dann wird unser Leben wirklich erfüllt.

Die Macht des Willens

Wenn wir uns wünschen, ganz zu Gott zu gehören, tauchen vielleicht Fragen auf, die uns verunsichern: Wie sollen wir mit unseren Zweifeln und schlechten Gewohnheiten umgehen? Was machen wir mit negativen Charakterzügen und Schwächen? Und wie ist das mit den vielen gebrochenen Versprechen und den nicht eingehaltenen Zusagen? Kann Gott uns überhaupt annehmen?

Wir brauchen nicht zu verzweifeln! Wir müssen uns nur der Macht des Willens bewusst werden: Diese Fähigkeit, zu wählen und Entscheidungen zu treffen, zeichnet uns als Menschen aus.

Wir können unser Herz nicht verändern, aber wir können *wählen*, zu Gott zu gehören. Wenn wir uns für ihn entscheiden, dann schenkt er uns sowohl das Wollen als auch das Können.

Er hilft uns, seine Pläne für unser Leben zu verstehen und gibt uns seine Liebe zuerst – sodass wir ihn „zurücklieben" können.

Vom Wunsch zum Entschluss

Der Wunsch nach einem Leben als Christ ist gut, solange es nicht ein bloßer Wunsch bleibt. Viele lehnen das Leben mit Jesus in der Ewigkeit unbewusst ab, weil sie zwar den Wunsch haben, Christen zu sein, nicht aber ihren Willen in die Hände Gottes zu geben. Sie haben die Wahl nicht getroffen, sich Jesus ganz anzuvertrauen.

Wie wir unseren Willen benutzen, verändert sich unser Leben völlig. Wenn wir ihn Jesus anvertrauen, verbinden wir uns mit einer Kraft, die mächtiger ist als alle Regierungen der Welt. Ist das nicht unglaublich?

ZUM NACHDENKEN:

■ Worin besteht der Unterschied zwischen sich hinzugeben und sich aufzugeben?

■ Was möchte Gott mit seinen Geboten erreichen? Wie sehe ich Gottes Gebote – sind es hilfreiche Wegweiser oder eine Einschränkung meiner Freiheit?

■ Habe ich mich schon ganz für Gott entschieden? Wenn nein, warum nicht? Wie hoch wäre der „Preis" für mich?

KAPITEL 6

ANGENOMMEN–
OHNE PROBEZEIT!

Wenn der Heilige Geist unser Gewissen anspricht, wird uns bewusst, wie heimtückisch, böse und mächtig die Sünde ist. Uns wird klar, dass sie uns von Gott getrennt hat. Und wir verstehen, dass wir keine Chance haben, uns aus eigener Kraft gegen sie zu stemmen. Wir sehnen uns nach Befreiung, Heilung und einem Leben mit Gott an unserer Seite.

Ein neues Herz – geschenkt!

Vergebung, Frieden und Liebe: Was wir brauchen und uns so dringend wünschen, können wir uns nicht kaufen. Aber Gott bietet es uns als Geschenk an – „ohne Geld und umsonst" (Jesaja 55,1)! Er hat uns versprochen: „Selbst wenn eure Sünden scharlachrot sind, sollen sie schneeweiß werden. Eure Sünden mögen blutrot sein, doch sie sollen werden wie Wolle." (Jesaja 1,18) „Und ich werde euch ein neues Herz geben und euch einen neuen Geist schenken." (Hesekiel 36,26)

Wir können Gott zu hundert Prozent vertrauen. Wir dürfen ihn um Vergebung und ein neues Herz voller Liebe und Mitgefühl bitten. Er wird es uns schenken, weil er es versprochen hat!

Glauben und empfangen

Wenn Jesus Menschen heilte, betonte er immer wieder: Wir bekommen, was Gott uns versprochen hat, sobald wir daran glauben, dass er es uns schenkt – nicht vorher. Ein Beispiel: die Heilung des gelähmten Mannes, dem Jesus vorher seine

Schuld vergeben hatte. Jesus verlieh dem Unsichtbaren, nämlich der Vergebung, Nachdruck durch das Sichtbare, in diesem
Fall das Wunder der Heilung: „,Ich werde euch beweisen, dass
der Menschensohn hier auf der Erde die Vollmacht hat, Sünden
zu vergeben.' Und er wandte sich zu dem Gelähmten und sagte: ,Steh auf und nimm deine Trage und geh nach Hause, denn
du bist geheilt!' Da sprang der Mann auf und ging nach Hause!"
[Matthäus 9,6–7]

Ein zweites Beispiel: der gelähmte Mann am Teich Bethesda.
Seit 38 Jahren hatte dieser Mensch seine Beine nicht bewegt.
Und trotzdem sagte Jesus zu ihm: „Steh auf, nimm deine Matte
und geh!" [Johannes 5,2] Der Kranke hätte sagen können: „Herr,
wenn du mich gesund gemacht hast, dann werde ich deinem
Wort folgen." So war es aber nicht: Der Mann glaubte an das,
was Jesus sagte. Er vertraute darauf, dass er geheilt worden
war, und machte sich sofort daran, aufzustehen. Er setzte um,
was Jesus ihm aufgetragen hatte – und in dem Moment wurde
er gesund.

Glaube beinhaltet Vertrauen

In den 1860er Jahren bewunderte eine Menschen-
menge an den Niagarafällen den Artisten Charles
Blondin, der auf einem Seil über dem Abgrund ge-
wagte Kunststücke zeigte. Er schob unter anderem
eine Karre voller Steine auf die andere Seite. Die
Leute waren begeistert.

Als der Applaus nachließ, fragte der Künstler:
„Traut ihr mir zu, dass ich auch einen Menschen in
der Schubkarre über die Wasserfälle fahren kann?"
Viele riefen: „Ja, natürlich!" Zu einem von ihnen
sagte er: „Dann steigen Sie ein! Ich fahre Sie hin-
über!" Der Mann wehrte erschrocken ab: „Nein!
Ohne mich!"

Viele Menschen „glauben" in dem Sinne, dass sie
etwas für wahrscheinlich halten oder von etwas

überzeugt sind. Aber wenn die Bibel von „glauben" spricht, ist mehr gemeint als: „Mein Verstand hält es für wahr." Ob jemand an Jesus glaubt, zeigt sich daran, dass er ihm wirklich vertraut.

Bitten, glauben, danken

Jesus fordert uns auf: „Hört auf meine Worte! Ihr könnt beten, worum ihr wollt – wenn ihr glaubt, werdet ihr es erhalten." (Markus 11,24) Es ist Gottes ausdrücklicher Wille, uns von unserer Schuld zu befreien. Er wünscht sich nichts mehr, als dass wir seine Kinder werden. Deshalb dürfen wir ihn um genau diese Dinge bitten, fest daran glauben, dass wir sie bekommen, und Gott dafür danken, dass er sie uns geschenkt *hat*.

Gott hat für unsere Befreiung den höchsten Preis bezahlt (1. Petrus 1,18–19). Und er tat nichts lieber als das. Denn damit dürfen wir seine Kinder sein, Kinder in der Familie Gottes! Und er liebt uns genauso wie seinen Sohn.

Keine Probezeit

Manche Menschen glauben, sie müssten eine Art Probezeit absolvieren, um zu beweisen, dass sie sich verändert haben, bevor sie die Geschenke Gottes in Anspruch nehmen können. Das ist falsch! Sie dürfen es jetzt schon. Sie brauchen sie auch jetzt schon dringend, um sich gegen das Böse zu wappnen. Jesus möchte, dass wir genau so zu ihm kommen, wie wir sind: voller Schuld, hilflos, abhängig. Es gehört zu seiner unendlichen Größe, uns in die Arme seiner Liebe zu schließen, unsere Wunden zu verbinden und uns von unserer Schuld zu befreien.

Viele Menschen können einfach nicht glauben, dass Jesus jedem seine Schuld persönlich vergibt, ganz individuell. Kein Mensch hat so viel Schuld auf sich geladen, dass Jesus ihm nicht vergeben könnte! Jesus wartet nur darauf, uns befreien zu dürfen: „Ich habe deine Sünden aufgelöst wie Nebel, deine Vergehen wie Wolken zerstreut. Komm doch zu mir zurück, denn ich will dich erlösen." (Jesaja 44,22)

Der Vater wartet mit offenen Armen

Der Teufel will uns glauben lassen, wir seien hoffnungslos verloren. Wenn wir uns so fühlen, sollten wir uns unbedingt an die Geschichte vom liebenden Vater und seinem jüngeren Sohn erinnern (Lukas 15). Jesus erzählte darin, wie ein Sohn das Erbe seines Vaters mit vollen Händen ausgab. Nachdem er im Ausland alles verspielt und verjubelt hatte und schließlich nur noch ein ziemlich erbärmliches Leben führen konnte, erinnerte er sich daran, dass es sogar den Angestellten bei seinem Vater zu Hause besser ging. Ziemlich zerknirscht machte er sich auf den Heimweg und erwartete ein riesiges Donnerwetter. Aber es kam ganz anders: „Er war noch weit entfernt, als sein Vater ihn kommen sah. Voller Liebe und Mitleid lief er seinem Sohn entgegen, schloss ihn in die Arme und küsste ihn." (Lukas 15,18–20)

Wenn wir also Zweifel haben, ob wir wirklich befreit sind, können wir diesen Gedanken kontern: „Jesus ist gestorben, damit ich lebe! Er liebt mich und will nicht, dass ich verloren gehe. Mein himmlischer Vater ist barmherzig. Selbst wenn ich seine Liebe und all das Gute, das er mir geschenkt hat, ausgeschlagen oder verprasst habe, darf ich zu ihm nach Hause zurückkommen. Und er empfängt mich mit offenen Armen und weint vor Freude."

Jedes Verlangen zu Gott zurückzukehren, geht auf das Werben des Heiligen Geistes zurück. Er erinnert uns daran: „Ich habe dich schon immer geliebt. Deshalb habe ich dir meine Zuneigung so lange bewahrt." (Jeremia 31,3)

Gib alle verkehrten Vorstellungen von Gott auf! Er hasst die Sünde, aber er liebt den Sünder. Deshalb bezahlte er mit dem Leben seines Sohnes am Kreuz für unsere Schuld, damit alle, die es wollen, gerettet werden. Welchen stärkeren Ausdruck seiner Liebe hätte Gott wählen können? Er verspricht uns: „Kann eine Mutter etwa ihren Säugling vergessen? Fühlt sie etwa nicht mit dem Kind, das sie geboren hat? Selbst wenn sie es vergessen würde, vergesse ich dich nicht!" (Jesaja 49,15)

Jemand, der mich versteht und mir hilft

Ein deutscher Urlauber hatte im Ausland einen Autounfall. Zu dem Schock kamen nun noch die Auseinandersetzungen mit der Polizei, der Versicherung und der Werkstatt. Und das alles, ohne dass er sich mit den Menschen vor Ort verständigen konnte! Aber er hatte Glück: Ein Augenzeuge, der Deutsch sprach und sich mit den Behörden auskannte, bot ihm seine Hilfe an.

Als Christen haben wir auch jemanden, der uns versteht und uns seine Hilfe anbietet. Jesus Christus ist nicht nur unser Anwalt, sondern er weiß, was es heißt, hier auf der Erde zu kämpfen und zu leiden, weil er es selbst erlebt hat. Und er ist jederzeit bereit, uns zu helfen!

ZUM NACHDENKEN:

- Wie würde ich auf die Aufforderung von Jesus, „Steh auf und geh!", reagieren, wenn ich gelähmte Beine hätte?
- Welche Rolle spielen Gottes Verheißungen in meinem Leben? Wie kann ich sie in Anspruch nehmen?
- Habe ich falsche Vorstellungen von Gott? Welche könnten es sein, von denen ich mich dringend verabschieden sollte?

KAPITEL 7

BIN ICH EIN ECHTER CHRIST?

ch kann mich weder an den Tag noch an den Ort oder die Umstände erinnern, als ich beschlossen habe, ein Christ zu werden. Habe ich dann trotzdem einen richtigen Neuanfang erlebt?" Diese Frage bewegt viele Christen. Jesus gibt die Antwort darauf: Er vergleicht das Wirken Gottes mit dem Wind (Johannes 3,8). Der Wind ist zwar unsichtbar, seine Wirkung aber kann man deutlich sehen und spüren. Ganz ähnlich ist es mit dem Heiligen Geist, wenn er das Herz eines Menschen bewegt.

Diese göttliche Kraft, die kein Mensch sehen kann, macht unser Innerstes ganz neu: „Wer mit Christus lebt, wird ein neuer Mensch. Er ist nicht mehr derselbe, denn sein altes Leben ist vorbei. Ein neues Leben hat begonnen!" (2. Korinther 5,17)

Das Leben ist der Beweis

Der Heilige Geist agiert also lautlos und quasi unsichtbar. Die Folgen dagegen sind nicht zu übersehen: Unser Charakter und unsere Beschäftigungen verändern sich, genauso wie unsere Ziele. Wobei sich das nicht darin zeigt, dass wir hier und da gut oder schlecht handeln. Es geht eher darum, wie wir uns generell verhalten und was wir üblicherweise sagen. Wenn wir durch Gott ein neuer Mensch geworden sind, dann ist der Unterschied zwischen unserem bisherigen Leben und dem, das gerade begonnen hat, nicht zu übersehen.

Es geht nicht um kosmetische Verbesserungen an der Oberfläche; die könnte man ganz sicher auch ohne Gottes Kraft umsetzen. Und es geht auch nicht um eine äußere Korrektheit, hinter der der Wunsch steht, Einfluss und Ansehen zu gewinnen. Schließlich kann auch ein Egoist großzügig handeln, wenn er sich einen Vorteil davon verspricht. Woran können wir also erkennen, dass eine Bekehrung, eine wirkliche, ganz tief greifende Veränderung stattgefunden hat?

Folgende Fragen können uns helfen, eine Antwort darauf zu finden: An wen denken wir häufig? Über wen reden wir gerne? Wen haben wir gern? Für wen engagieren wir uns? Wenn wir uns ganz für Jesus entschieden haben, dann sprudeln wir über vor Liebe zu ihm. Dann denken wir über seinen Plan für unser Leben nach und sind glücklich, wenn wir merken, dass wir seinem Vorbild immer ähnlicher werden.

Neues ist geworden

Die Bibel spricht von der „Frucht des Geistes", die man sehen kann, wenn der Heilige Geist einen Menschen verändern darf. Dann sieht man „Liebe, Freude, Frieden, Geduld, Freundlichkeit, Güte, Treue, Sanftmut und Selbstbeherrschung" (Galater 5,22–23). Unsere Vorlieben und Eigenschaften kehren sich um. Jemand, der besonders überheblich war, wird jetzt ein bescheidener Mensch. Derjenige, der andere ungerecht behandelt hat, sorgt jetzt für einen gerechten Ausgleich. Wer sich nur um sein Äußeres gekümmert hat, erkennt jetzt, was vor Gott wirklich zählt: „Eure Schönheit soll von innen kommen – das ist die unvergängliche Schönheit eines freundlichen und stillen Herzens, das Gott so sehr schätzt." (1. Petrus 3,4)

Echte oder unechte Früchte?

Ein schön dekorierter Weihnachtsbaum sieht herrlich aus. Manchmal hängen nicht nur Kugeln, sondern auch bunte Früchte daran – allerdings sind sie nicht echt. Ein Apfelbaum kann an Glanz und Farbenpracht mit einem Weihnachtsbaum nicht mithalten; dafür sind seine Früchte echt.

Es gibt auch „Weihnachtsbaumchristen". Auf den ersten Blick beeindrucken ihr Reden und die Art, wie sie sich geben. Aber auf Dauer merkt man, dass etwas fehlt und die „Früchte" unecht sind. Menschen, die mit Jesus im Herzen leben, sind so etwas wie „Apfelbaumchristen". Sie schillern und glänzen nicht von sich aus, aber im Laufe der Zeit zeigen sich in ihrem Wesen und Handeln die Früchte, die der Heilige Geist wachsen lässt – und das nicht nur saisonweise!

Ein nachhaltiges Geschenk

Die Liebe steht an erster Stelle der „Frucht des Geistes". Denn wer erlebt hat, wie befreiend die unendliche Gnade Gottes ist, der kann gar nicht anders, als zu lieben. Wer liebt, der kann Schweres viel leichter tragen und selbst lästige Pflichten mit einem ehrlichen Lächeln auf den Lippen erfüllen.

Diese Liebe dürfen wir uns von Gott schenken lassen. Sie findet sich bei all denen, in deren Herzen Jesus den Ehrenplatz hat. „Wir lieben, weil er uns zuerst geliebt hat." (1. Johannes 4,19 EB) Diese Liebe wird zur Triebfeder all unseres Tuns – und unseres ganzen Seins. Sie lässt uns zu den besten Menschen werden, die wir sein können.

Zwei Irrtümer

Es gibt zwei Irrtümer, vor denen wir auf der Hut sein sollten. Der erste Irrtum besteht – wie schon erwähnt – darin, sich auf seine eigenen Leistungen zu verlassen. Egal, wie fromm wir leben oder wie sehr wir uns bemühen, jedes i-Tüpfelchen der Gebote zu halten – wir können den Graben der Schuld unmöglich selbst überwinden.

Die zweite falsche Annahme ist der ersten entgegengesetzt. Es ist fatal zu meinen, dass wir uns um keine Gesetze und Gebote scheren müssten, wenn wir nur an Jesus glauben. Schließlich ist Jesus ja gnädig und will uns befreien, oder?

Aus Liebe dienen

Darauf stellt sich eine andere Frage: Wenn wir beschlossen haben, mit Jesus zu leben, und dem Heiligen Geist erlaubt haben, unser Herz zu verändern, sollten wir dann nicht auch seine guten göttlichen Regeln in unserem Leben umsetzen? Wenn wir seine Liebe in unser Herz lassen, dann geht das Versprechen Gottes in Erfüllung: „Ich werde ihr Denken mit meinem Gesetz füllen, und ich werde es in ihr Herz schreiben." [Hebräer 10,16] Es geht also nicht um ein äußerliches Befolgen von Regeln, das wir aus Vernunftgründen umsetzen. Es geht um das Dienen aus Liebe.

Wenn wir Gottes Gesetz in unseren Herzen verinnerlichen, dann wird es unser ganzes Leben positiv beeinflussen. Ehrlich gemeintes Dienen und Loyalität aus Liebe zeigen, dass jemand zu Jesus gehört. Die Bibel meint dazu: „Gott zu lieben heißt, seine Gebote zu befolgen, und das ist nicht schwer." „Wer sagt: ‚Ich gehöre Gott' und befolgt dabei Gottes Gebote nicht, ist ein Lügner und die Wahrheit ist nicht in ihm." [1. Johannes 5,3; 2,4]

Hören und Gehorchen

Sowohl in der deutschen als auch in den biblischen Sprachen Hebräisch und Griechisch sind „hören / horchen" und „gehorchen" eng miteinander verbunden. Glauben fängt immer mit Hören an, und im Tun des Gehörten (im Gehorchen) findet das Hören seine Erfüllung.

Heutzutage steht Gehorsam nicht mehr hoch im Kurs. Man diffamiert ihn, indem man von „Kadavergehorsam" oder „blindem Gehorsam" spricht. Die Bibel kennt beides nicht; denn Gott will keine Sklaven haben, sondern Kinder. Aber Jesus macht deutlich, dass er von Christen erwartet, dass sie auf ihn hören und entsprechend handeln: „Warum nennt ihr mich dauernd ‚Herr!', wenn ihr doch nicht tut, was ich euch sage?" (Lukas 6,46 Hfa; vgl. Matthäus 7,24–27). Jesus „wurde der Retter für alle, die ihm gehorchen" (Hebräer 5,9).

Unsere Antwort auf Gottes Geschenk

Wir verdienen uns die Erlösung keinesfalls dadurch, dass wir alle Gebote halten. Sie ist ein absolut freies Geschenk Gottes, das wir annehmen dürfen, wenn wir daran glauben! Dass wir uns dann tatsächlich darum bemühen, nach Gottes Regeln zu leben, folgt schließlich aus diesem Glauben.

Die Behauptung, an Jesus zu glauben würde gleichzeitig davon entbinden, Gottes Gebote zu halten, ist absolut anmaßend. Dazu noch einmal ein Blick in die Bibel: „Wie können wir sicher sein, dass wir ihm gehören? – Wenn wir seine Gebote befolgen." „Wer behauptet, dass er zu Gott gehört, soll leben, wie Christus es vorgelebt hat." [1. Johannes 2,3.6]

Wir schaffen es nicht ...

Die Bedingung dafür, von Gott das ewige Leben geschenkt zu bekommen, war schon immer dieselbe: Wir müssen auf dieser Erde ein vollkommen schuldloses Leben führen. Wie bitte? Kein Mensch schafft es doch, immer gerecht zu handeln und nie auch nur einen falschen Gedanken zu haben! Genau – und deshalb hat Jesus einen Ausweg für uns geschaffen. Er lebte auf der Erde und setzte sich den gleichen Versuchungen aus, denen auch wir begegnen. Er führte ein absolut sündloses Leben. Und schließlich starb er für uns und bietet uns jetzt seine Vollkommenheit im Tausch gegen all unsere Sünden an.

Wenn wir uns Jesus anvertrauen und ihn als unseren Retter annehmen, dann werden wir um seinetwillen freigesprochen! Ganz egal, wie viel wir falsch gemacht haben. Durch Jesus werden wir von Gott so angenommen, als hätten wir nie auch nur eine einzige Sünde begangen.

... aber Christus!

Jesus verändert unser Herz. Wenn wir an ihn glauben, wohnt er in uns. Aber er zwingt uns niemals dazu, seine Geschenke anzunehmen. Es liegt also an uns, die Verbindung zu ihm lebendig zu halten und ihm immer wieder unser Wollen und Tun zu schenken. Vielleicht können wir dann irgendwann sogar sagen: „Ich lebe, aber nicht mehr ich selbst, sondern Christus lebt in mir." (Galater 2,20) Lebt Jesus in uns, dann werden wir genauso gut leben und handeln, wie er es auf dieser Erde getan hat.

Von uns aus können wir also gar nichts tun. Aber wir dürfen die Vollkommenheit annehmen, die Jesus uns zuspricht, indem wir seinen Heiligen Geist in, an und durch uns wirken lassen.

Was ist mit „glauben" gemeint?

Es gibt einen Pseudoglauben, der sich darauf beschränkt, Gott für wahr zu halten. Aber selbst der Teufel und seine Anhänger glauben, dass Gott existiert und mächtig ist. „Die Teufel glauben's auch und zittern" (Jakobus 2,19 LB), aber das ist nicht der Glaube, den Jesus sich für uns wünscht.

Echter Glaube bedeutet, Gottes Wort zu vertrauen und sich darauf zu verlassen, dass seine Pläne die besten sind. Echter Glaube heißt, Jesus unser Herz und unsere Liebe zu schenken. Echter Glaube wird aus Liebe aktiv und macht uns Menschen unserem göttlichen Vorbild immer ähnlicher.

Kein Grund zur Entmutigung

Je näher wir Jesus kommen, desto deutlicher werden wir unweigerlich auch erkennen, wie unvollkommen unser Charakter eigentlich ist. Möglicherweise zweifeln wir dann daran, ob der Heilige Geist unser Herz tatsächlich neu gemacht hat. Aber auch dann sollten wir unseren Kopf nicht hängen lassen! Wir sollten nicht den Mut verlieren, auch wenn wir ein ums andere Mal mit Jesus über unsere Fehler und Fehltritte sprechen. Ganz im Gegenteil: Wenn wir unsere Schuld erkennen, beweist das, dass der Teufel uns nicht mehr täuschen kann und dass der

Heilige Geist gerade dabei ist, ein ganz neues Leben in uns aufzubauen.

Selbst wenn wir in Sünde fallen, rückfällig werden und andere – wie uns selbst – verletzen: Gott lehnt uns niemals ab. Er vergisst uns nie und er weist uns nie zurück. Denn Jesus legt jederzeit Fürbitte für uns ein. Johannes, ein Schüler von Jesus, den er besonders gern hatte, sagte: „Meine Kinder, ich schreibe euch das, damit ihr nicht sündigt. Aber wenn es doch geschieht, dann gibt es jemanden, der vor dem Vater für euch eintritt: Jesus Christus, der vor Gott in allem gerecht ist." [1. Johannes 2,1]

Wir können und müssen also nichts für unsere Rettung tun. Das sollte uns umso mehr bewusst machen, wie makellos, gerecht und unvergleichlich unser Erlöser ist. Das zu begreifen, zieht uns in seine liebenden Arme. Je inniger wir mit ihm leben, je tiefer wir begreifen, dass er alles für uns getan hat und tun wird, desto stärker breitet sich seine Liebe in uns aus – und wir können sie großzügig weitergeben.

ZUM NACHDENKEN:

- ■ Wie kann ich sicher sein, dass ich wirklich ein Christ bin und echt glaube?
- ■ Woran kann man erkennen, ob Gott mein Leben verändert hat oder ich einfach nur mein äußeres Verhalten verbessert habe?
- ■ Welche Bedeutung haben Gottes Gebote für mein Leben als Christ?
- ■ Was gibt mir die Sicherheit, trotz meiner Fehler und Schwächen von Gott angenommen worden zu sein?

KAPITEL 8

UNGEAHNTE
ENTFALTUNGS-
MÖGLICHKEITEN

Bilder aus der Natur helfen uns, Schritte im geistlichen Leben besser zu verstehen. Die Bibel bezeichnet die Veränderung des Herzens, durch die wir Kinder Gottes werden, als Geburt. Sie vergleicht diejenigen, die sich gerade für Jesus entschieden haben, mit Säuglingen, die nach Milch schreien (1. Petrus 2,2). Sie sollen wachsen und „in jeder Hinsicht Christus ähnlicher werden" (Epheser 4,15). Außerdem wird diese Veränderung des Herzens mit dem Aufkeimen der Saat verglichen. Sie sollen wachsen und glücklich sein, um Gott zu ehren (Jesaja 61,3).

Der Mensch kann von sich aus keinem noch so kleinen Gegenstand Leben einhauchen – trotz seines ganzen Wissens und all seiner Fähigkeiten. Nur durch das Leben, das von Gott kommt, keimt geistliches Leben im Herzen des Menschen auf.

Wachstum kommt von Gott

Mit dem Wachsen ist es so wie mit dem Leben: Pflanzen und Blumen wachsen nicht, weil sie sich selbst so sehr anstrengen, sondern dadurch, dass sie vom Schöpfer alles bekommen, was sie brauchen. Er ist es, der Knospen zum Blühen bringt und aus der Blüte die Frucht wachsen lässt.

Auch ein Kind kann nicht aus eigener Kraft oder eigenem Wollen wachsen. Genauso wenig können wir durch Sorgen oder unsere Anstrengungen geistliches Wachstum in Gang bringen. Eine Pflanze wächst dadurch, dass sie aus ihrer Umgebung das bekommt, was sie für ihr Leben braucht: Luft, Sonnenschein und Nahrung. Was diese Geschenke der Natur für Tiere und Pflanzen sind, das ist Jesus für die Menschen, die ihm vertrauen. Er ist das lebendige Wasser, das Brot Gottes, das „vom Himmel herabkommt und der Welt das Leben gibt" [Johannes 6,33].

Wie die Atmosphäre unseren Planeten schützend umgibt, so hüllt Gott die ganze Welt mit seiner Gnade ein. Wer sich dafür entscheidet, in diese Leben spendende Atmosphäre einzutauchen, der wird leben und wachsen, und das heißt: Jesus immer ähnlicher werden.

Christus, unsere Sonne

Blumen wenden sich zum Sonnenlicht, damit sich ihre Schönheit entfalten kann. Genauso sollen auch wir uns Jesus, der „Sonne der Gerechtigkeit", zuwenden. Dann scheint das Licht des Himmels auf uns und unser Charakter kann sich so entwickeln, dass er dem Charakter von Jesus immer ähnlicher wird.

Das meinte Jesus, als er sagte: „Bleibt in mir, und ich werde in euch bleiben. Denn eine Rebe kann keine Frucht tragen, wenn sie vom Weinstock abgetrennt wird, und auch ihr könnt nicht, wenn ihr von mir getrennt seid, Frucht hervorbringen. Ich bin der Weinstock; ihr seid die Reben. Wer in mir bleibt und ich in ihm, wird viel Frucht bringen. Denn getrennt von mir könnt ihr nichts tun." [Johannes 15,4–5] Genauso wie die Rebe vom Weinstock abhängig ist, sind wir es von Jesus, um zu wachsen und Frucht zu bringen. Getrennt von ihm haben wir kein Leben und keine Kraft, um Verlockungen zu widerstehen oder um geistlich und charakterlich zu wachsen. Wenn wir aber eng mit ihm verbunden bleiben, werden wir weder verkümmern noch fruchtlos bleiben, sondern einem Baum gleichen, der an einem Flussufer gepflanzt ist und dort prächtig wachsen kann.

Christus, Urheber und Vollender

Viele meinen, sie müssten einen Teil dieses Prozesses selbst leisten. Sie haben Jesus vertraut, als es um die Vergebung ihrer

Sünden ging, aber jetzt versuchen sie, aus eigener Anstrengung ein aufrichtiges Leben zu führen. Dieser Versuch ist zum Scheitern verurteilt. Jesus sagt: „Ohne mich könnt ihr nichts tun." Unser Wachstum hängt von unserer Verbindung zu Jesus ab.

Geistlich wachsen wir nur, wenn wir täglich, ja quasi stündlich und minütlich eng und innig mit Jesus verbunden sind. Er ist nicht nur derjenige, der den Grund unseres Glaubens legt, sondern auch der, der ihn zum Abschluss bringt. Er ist nicht nur am Anfang und am Ende unseres Weges bei uns, sondern auch bei jedem Schritt dazwischen.

Geben und Nehmen

Dadurch, dass wir *glauben*, gehören wir zu Jesus. Und durch diesen Glauben wachsen wir in ihm – es ist ein Geben und Nehmen. Wir müssen alles *geben*: unser Herz, unseren Willen, alles, was wir tun. Und wir müssen alles *nehmen*: Jesus und seinen Segen, den er mit vollen Händen verschenken will, damit er in unserem Herzen lebt und zur Quelle der Kraft wird.

Wir sollten uns Gott jeden Morgen neu anvertrauen – als Allererstes an einem neuen Tag – und beten: „Alle meine Pläne gebe ich dir in die Hände, Jesus. Gebrauche mich heute als dein Werkzeug. Begleite mich in allem, was ich tue." Wenn wir Jesus unsere Pläne anvertrauen, dann können wir sicher sein, am Ende das beste Resultat zu sehen – egal ob sie gelungen oder nicht geglückt sind. Denn Jesus hat den Weitblick!

Es kommt nicht auf Hochstimmung an

Mit Jesus zu leben, bedeutet nicht, dass wir ständig in Hochstimmung sind. Aber wir spüren ein bleibendes friedvolles Vertrauen. Wir setzen unsere Hoffnung nicht auf uns selbst, sondern ganz auf Jesus. Unsere Schwachheit verbindet sich mit seiner Stärke, unsere Unwissenheit mit seiner Weisheit. Deshalb sollten wir nicht auf uns selbst schauen und die Gedanken nicht um uns kreisen lassen, sondern uns ganz auf Jesus konzentrieren. Wir sollten über seine beispiellose Liebe nachdenken und über sein vollkommenes Wesen. Indem wir ihn lieben, seinem Beispiel folgen und uns ganz auf ihn verlassen, nähern wir uns ihm immer mehr an.

Ruhe und Einsatz

Jesus sagt: „Bleibt in mir." Diese Worte vermitteln Ruhe, Beständigkeit und Vertrauen. Er lädt uns ein: „Kommt alle her zu mir, die ihr müde seid und schwere Lasten tragt, ich will euch Ruhe schenken." (Matthäus 11,28) Jesaja, ein Prophet aus dem Alten Testament, gibt die Zusage weiter: „In Stillsein und in Vertrauen ist eure Stärke." (Jesaja 30,15 EB) Diese Ruhe findet man allerdings nicht, wenn man gar nichts tut. Denn Jesus verknüpft das Versprechen der Ruhe mit der Aufforderung zum Handeln: „Nehmt mein Joch auf euch ... eure Seele wird bei mir zur Ruhe kommen." (Matthäus 11,29) Wer sich in Jesus völlig aufgehoben weiß, der wird sich hoch motiviert für ihn einsetzen.

Ablenkungsgefahr!

Natürlich versucht der Teufel immer wieder, uns abzulenken. Dazu nutzt er kurzweilige Vergnügen, Sorgen, Rastlosigkeit, den Kummer des Alltags, unsere eigenen oder Fehler anderer. Davon dürfen wir uns nicht irritieren lassen!

Wir sollten uns nicht selbst in den Mittelpunkt stellen und uns besorgt fragen, ob wir wirklich gerettet werden. Das lenkt uns von der Quelle unserer Kraft ab. Stattdessen sollten wir um Gottes Schutz bitten und ihm vertrauen. Wir dürfen unsere Zweifel und unsere Ängste über Bord werfen!

Annahme als Kind Gottes und geistliches Wachsen

Ein kinderloser König suchte einen Jungen, den er zum Prinzen machen wollte. Als er in einer Gruppe spielender Kinder einen fand, der ihm gefiel, versprach er: „In einem Jahr komme ich wieder. Wenn du dich bis dahin wie ein Königskind verhältst, nehme ich dich an meinen Hof und mache dich zu meinem Sohn."

Aber so sehr sich der Junge auch bemühte – der Einfluss der Umwelt war stärker. Nach ein paar Tagen war er bereits wieder von seinen Spielgefährten nicht mehr zu unterscheiden. Er war eben ein Junge von der Straße und kein geborener Prinz.

Ein anderer König, der ebenfalls keine Kinder hatte, machte es anders: Als er einen Jungen fand, den er für geeignet hielt, stellte er keine Bedingungen, sondern nahm ihn mit an seinen Hof, adoptierte ihn und gab ihm einen Erzieher zur Seite, der Tag und Nacht bei ihm war.

Machte das Kind Fehler, erinnerte er den Jungen daran: „Majestät, Sie sind ein Königskind. Ein Königskind aber benimmt sich anders." Er lehrte ihn das rechte Verhalten und erinnerte ihn immer wieder daran, was er bereits war. Dieses Vorgehen gelang: Trotz aller Rückfälle wurde aus dem Straßenjungen ein würdiger Königssohn.

Genauso hat es Gott gemacht: Er hat uns als seine Kinder angenommen und uns den Heiligen Geist als ständigen Begleiter und Erzieher zur Seite gestellt, der uns ermutigt und anleitet, uns Motivation und Kraft gibt und uns verändert.

Keinen anderen Herrn wählen

Als Jesus als Mensch auf die Erde kam, verband er sich durch ein Band der Liebe mit der Menschheit, das keine Macht jemals lösen kann – ausgenommen wir selbst, wenn wir uns bewusst dazu entscheiden. Der Teufel will uns immer wieder dazu verführen, dieses Band zu lösen, indem wir uns von Jesus trennen. Das ist der Punkt, an dem wir wachsam sein und darum beten müssen, dass uns nichts dazu verleitet, einen anderen Herrn zu wählen; denn wir sind jederzeit frei, es zu tun. Wenn w r aber auf Jesus schauen, wird er uns schützen. Solange wir das tun, sind wir sicher. Nichts kann uns aus seiner Hand reißen.

Menschen wie du und ich

Während wir uns fest auf Jesus ausrichten, werden wir ihm immer ähnlicher und spiegeln seine Herrlichkeit wider (2. Korinther 3,18). So erging es auch den ersten Jüngern von Jesus. Als seine Schüler lernten sie täglich direkt von ihm seine Lehren über die Wahrheit. Sie sahen zu ihm auf wie Diener zu ihrem Herrn, um zu erfahren, was ihre Aufgaben sind. Diese Jünger waren Menschen wie wir, hatten dieselben Kämpfe auszufechten und waren auf dieselbe Kraft Gottes angewiesen wie wir, um ein gutes Leben führen zu können.

Was die Verbindung zu Jesus in Gang bringt

Wenn Jesus in unserem Herz wohnt, wird unser ganzes Wesen verwandelt, so wie es bei Johannes der Fall war. Er war der Jünger, den Jesus besonders gernhatte, aber er war von Natur aus kein sehr vorbildlicher Mensch. Er war von sich selbst eingenommen und gierte nach Ruhm, er war aufbrausend und nachtragend. Aber als er verstand, wie der Sohn Gottes wirklich ist, wurde er sich seiner Schwächen bewusst. Und dieses Wissen machte ihn demütig. Die Stärke und Geduld, die Vollmacht und Liebe, die er täglich bei Jesus erlebte, ließen ihn staunen. Tag für Tag wurde sein Herz zu Jesus gezogen, bis die Liebe zu seinem Lehrer seinen Egoismus verdrängte. Der belebende Einfluss des Heiligen Geistes erneuerte sein Herz, und die Kraft der Liebe Jesu veränderte seinen Charakter. Das ist das sichere Ergebnis einer innigen Verbindung zu Jesus.

„Ich bin immer bei euch"

Nachdem Jesus wieder in den Himmel zurückgekehrt war, spürten seine Nachfolger immer noch seine persönliche Gegenwart. Er, der mit ihnen gewandert war, gesprochen, gebetet und sie getröstet hatte, war vor ihren Augen in den Himmel verschwunden, während er ihnen versprach: „Ich bin immer bei euch bis ans Ende der Zeit." (Matthäus 28,20)

Die Jünger wussten, dass Jesus vor dem Thron Gottes immer noch ihr Freund und Retter war und dass sein Mitgefühl mit ihnen unverändert blieb. Er identifizierte sich weiterhin mit der leidenden Menschheit und würde, nachdem dort alles für sie vorbereitet sein würde, wiederkommen und sie zu sich holen.

Zehn Tage nach diesem Ereignis, zu Pfingsten, kam der Heilige Geist zu ihnen, der versprochene Ratgeber, von dem Jesus gesagt hatte: „Es ist das Beste für euch, dass ich fortgehe, denn wenn ich nicht gehe, wird der Ratgeber nicht kommen. Wenn ich jedoch fortgehe, wird er kommen, denn ich werde ihn zu euch senden." (Johannes 16,7)

Von da an sollte Jesus durch den Heiligen Geist dauerhaft in den Herzen seiner Kinder wohnen. Diese Gemeinschaft mit ihm war nun sogar enger als zu der Zeit, als er persönlich bei ihnen war. Ihre Gesichter strahlten so sehr, dass die Menschen ihnen anmerkten, „dass sie mit Jesus gewesen waren" (Apostelgeschichte 4,13 LB).

Jesus betet für uns

Alles, was Jesus für seine Jünger war, will er auch heute für seine Kinder sein. Er betet für uns, dass wir eins mit ihm werden, so wie er mit dem Vater eins ist. Welch eine Einheit! Wohnt Jesus in unseren Herzen, dann bewirkt er beides in uns, „den Wunsch, ihm zu gehorchen" und „auch die Kraft zu tun, was ihm Freude macht" (Philipper 2,13). Wir werden so handeln, wie er es getan hat, aus denselben Beweggründen wie er. Dadurch, dass wir ihn lieben und mit ihm verbunden bleiben, werden wir „in jeder Hinsicht Christus ähnlicher werden, der das Haupt seines Leibes – der Gemeinde – ist" (Epheser 4,15).

ZUM NACHDENKEN:

- ■ Was kann ich aus den Vergleichen mit dem Wachstum in der Natur über das geistliche Wachsen lernen?
- ■ Inwieweit gleichen sich Christwerden und Christsein? Was ist die Grundlage von beidem?
- ■ Wie kann ich meine Beziehung zu Jesus vertiefen? Welche Rolle spielt dabei eine tägliche Zeit allein mit Jesus?
- ■ Was kann ich von den ersten Jüngern darüber lernen, wie man die Beziehung zu Jesus pflegt?
- ■ Wie sehr stehe ich in der Gefahr, mich zu viel mit mir selbst und meinen Fehlern zu beschäftigen, statt mit Jesus Christus und seiner Liebe?

KAPITEL 9

NICHTS IST
GRÖSSER ALS
DIENEN

G ott ist die Quelle des Lebens und der Freude – für das ganze Universum. Wo immer Gott den Ehrenplatz in den Herzen der Menschen hat, fließen seine Liebe und sein Segen auf andere über.

Jesus ließ sich nicht bedienen

Jesus liebte es, Menschen Mut zu machen und sie zu erlösen. Sein ganzes Leben stand im Zeichen der Hingabe. Er scheute weder anstrengende Aufgaben noch strapaziöse Reisen. Jesus sagte: „Der Menschensohn ist nicht gekommen, um sich bedienen zu lassen, sondern um anderen zu dienen und sein Leben als Lösegeld für viele hinzugeben." (Matthäus 20,28) Das war das große Ziel seines Lebens. Alles andere war zweitrangig.

Was Engel glücklich macht

Auch die Engel arbeiten pausenlos daran, andere glücklich zu machen. Das erfüllt sie. Sich für Menschen einzusetzen, die gesellschaftlich unter ihnen stehen, sehen egoistische Menschen als demütigend an. Aber genau das tun die unschuldigen Engel. Und sie tun es mit Freude. Die aufopfernde Liebe von Jesus erfüllt den Himmel und alle seine Bewohner.

Engel – Gottes Boten

Das Wort „Engel" ist abgeleitet vom griechischen *angelos* und bezeichnet eigentlich einen Boten – jemand, der im Auftrag eines anderen Nachrichten oder Befehle übermittelt. Dabei tritt die Person des Überbringers ganz in den Hintergrund. Daher ist es nicht verwunderlich, dass die Bibel fast nichts über die Engel an sich mitteilt, sondern nur von ihren Aufgaben spricht. Häufig haben sie Botschaften Gottes zu übermitteln. Ihre Hauptaufgabe ist es, Menschen zu helfen, zu Gott zu finden, um erlöst zu werden (Hebräer 1,14).

Ein übersprudelndes Herz

Wenn die Liebe Gottes in unserem Herzen lebendig ist, bleibt das nicht im Verborgenen. Unsere Liebe zu Jesus zeigt sich darin, dass wir uns für unsere Mitmenschen engagieren – genauso wie Jesus es tat. Seine Nachfolger sind bereit, große Opfer zu bringen, damit auch andere gerettet werden. Sie tun alles, was in ihrer Macht steht, um diese Erde zu einem besseren Ort zu machen.

Diese Einstellung ist eine Folge davon, wenn man seinem Leben eine echte Wendung gegeben hat. Sobald jemand Jesus in sein Herz eingeladen hat, keimt der Wunsch auf, anderen zu erzählen, welch unschätzbar wertvollen Freund er in Jesus gefunden hat. Er wird die Freude über die Erlösung nicht in seinem Herz einsperren und darüber Stillschweigen bewahren. Wenn wir erlebt haben, dass Gott gut ist, dann haben wir etwas zu erzählen.

Wer sich darum bemüht, für andere ein Segen zu sein, der wird selbst gesegnet. Das ist die höchste Ehre, die Gott den Menschen schenken kann. Es war seine Absicht, als er uns in seiner Erlösung der Welt einplante. Alle, die liebevoll miteinander umgehen, sind am nächsten an ihrem Schöpfer dran.

Hätte Gott die Verbreitung des Evangeliums und sämtliche Liebesdienste nicht an die Engel im Himmel delegieren können? Natürlich hätte er das. Aber in seiner grenzenlosen Liebe wählte er uns dazu aus, mit Jesus und den Engeln zu arbeiten, damit wir den Segen und die Freude teilen, die aus einem selbstlosen Dienst resultieren.

Dienen verbindet

Dadurch, dass wir mit Jesus verbunden sind, wenn wir anderen Menschen dienen, gewinnt unsere Beziehung zu ihm an Tiefe. Jede selbstlose Tat stärkt die Nächstenliebe des Gebers und verbindet ihn enger mit dem Erlöser der Welt, von dem es heißt: „Obwohl er reich war, wurde er um euretwillen arm, um euch durch seine Armut reich zu machen." [2. Korinther 8,9] Nur wenn wir die Bestimmung erfüllen, für die Gott uns geschaffen hat, wird unser Leben richtig reich.

Wenn wir uns für andere Menschen einsetzen, werden wir erleben, wie der selbstlose Dienst uns Tiefe, Frieden und Glück schenkt. Wir werden wachsen und uns immer selbstverständlicher Gott als Werkzeug auf dieser Erde anvertrauen. Unser geistliches Urteilsvermögen wird klarer, unser Glaube stärker und unser Beten kraftvoller.

Wer nur konsumiert, verkümmert

Wer Gottes Segen nur konsumiert, ohne etwas für Jesus und für andere zu tun, handelt wie jemand, der nur isst, aber nicht arbeitet. So wie unser Körper schlapp und schwerfällig werden würde, würde auch unser Glaube leiden.

Wer sich nicht bewegt, büßt irgendwann völlig die Kraft ein, seine Füße zu benutzen. Genauso wird ein Christ, der seine von Gott geschenkten Fähigkeiten nicht einsetzt, aufhören, geistlich zu wachsen. Und außerdem wird er auch noch die Kraft verlieren, die er schon hatte.

Eine gemeinsame Aufgabe

Gott hat seiner Gemeinde die Aufgabe gestellt, seine gute Nachricht in die Welt zu tragen. Jeder Christ darf sich im Rahmen seiner Fähigkeiten und Möglichkeiten daran beteiligen. Wären sich alle Christen dieser Aufgabe bewusst, gäbe es

Tausende Missionare in Ländern, deren Einwohner Jesus noch nicht kennen und in denen momentan vielleicht nur ein einziger unterwegs ist. Und alle, die sich nicht persönlich engagieren können, würden diese Arbeit finanziell und mit Gebeten unterstützen. Auch in christlichen Ländern wäre der Einsatz für die Verbreitung des Evangeliums größer.

Die Gemeinde: Rettungsstation oder Club?

An einer gefährlichen Küste gründeten ein paar mutige Männer eine Rettungsstation, um Schiffbrüchigen helfen zu können. Durch ihren selbstlosen Einsatz wurden sie überall bekannt. Manche Geretteten unterstützten die Arbeit finanziell, sodass es nicht an Geld fehlte.

Aus der Hütte wurde ein komfortables Haus mit Aufenthalts- und Hobbyräumen. Man kam nicht nur zum Rettungsdienst zusammen, sondern auch zu gemeinsamen Feiern. Das Interesse der Männer am eigentlichen Rettungsdienst schwand immer mehr. Da genügend Mittel vorhanden waren, kaufte man größere Boote und heuerte Rettungsmannschaften an. Aus dem ursprünglichen Rettungsverein war ein nobler Club geworden. Man hatte es nicht mehr nötig, selbst hinauszufahren. Der Rettungsdienst wurde an bezahlte Fachleute delegiert – bis zu dem Tag, als er ganz eingestellt wurde, weil er dem Clubleben hinderlich war …

Die Jünger von Jesus haben in der ganzen Welt Gemeinden als Rettungsstationen gegründet. Daraus wurden meistens Kirchen und religiöse Vereine. Gerettet zu sein gibt aber Rettersinn. Und jeder Christ sollte ein aktiver Mitarbeiter von Jesus sein – kein bloßes Clubmitglied.

Mission vor der Haustür

Wir müssen aber nicht erst in ferne Länder reisen, um für Jesus aktiv zu werden: Wir können unserem Auftrag in der eigenen Familie nachgehen, an unserem Wohnort, bei unseren Nachbarn und auf der Arbeit.

Als Jesus hier auf der Erde war, erfüllte er seine Aufgabe als einfacher Handwerker genauso pflichtbewusst und leidenschaftlich, wie er später Kranke heilte. Auch die einfachsten Aufgaben können wir also mit Jesus anpacken.

Ein Geschäftsmann sollte seine Firma so leiten, dass er Gott durch seine Ehrlichkeit ehrt. Sein Glaube wird alles prägen, was er tut. Auch ein Handwerker kann Jesus treu repräsentieren. Jeder, der sich Christ nennt, sollte so arbeiten, dass seine Mitmenschen sich aufgrund seines Charakters und seiner Arbeitsweise für seinen Glauben interessieren und Gott kennen lernen wollen.

Jeder wird gebraucht

Viele, die ihre Fähigkeiten nicht für Gott einsetzen, entschuldigen sich mit dem Hinweis auf die größeren Begabungen und die Überlegenheit anderer. Sie meinen, dass nur eine privilegierte Gruppe mit Talenten ausgestattet wird, und dass Gott nur diese Menschen darum bittet, ihre Fähigkeiten für ihn einzusetzen. Die Gleichnisse, die Jesus erzählte, machen aber deutlich, dass der Hausherr jedem seiner Diener eine bestimmte Aufgabe übertrug.

Wir sollten also nicht auf große Gelegenheiten oder außergewöhnliche Talente warten, ehe wir anfangen, für Gott und für unsere Mitmenschen zu arbeiten. Wir sollten uns niemals vom Urteil anderer abhängig machen.

Diejenigen, die am bescheidensten sind, sind oft der größte Segen für andere. Sie merken vielleicht nicht einmal, dass sie gerade etwas besonders Gutes tun. Aber ihr unbewusster Einfluss kann Wellen des Segens auslösen, die sich weit ausbreiten und vertiefen.

Jeder hat eine Gabe, jeder wird gebraucht

Das Neue Testament beschreibt, dass jedem Christen durch den Heiligen Geist mindestens eine geistliche Gabe anvertraut wird (1. Korinther 12,4–11). Damit sind Fähigkeiten gemeint, durch deren Einsatz die Gemeinde zu einer „Rettungsstation" wird. Entscheidend ist dabei nicht die Größe oder Bedeutung der Gabe, sondern die Bereitschaft des einzelnen, mit dieser Gabe anderen zu dienen. Jeder soll Jesus mit den Fähigkeiten dienen, die er verliehen bekommen hat. Tut er das nicht, so stiehlt er seinen Mitmenschen und der Gemeinde quasi den Segen, den Gott durch ihn schenken will. Das illustriert auch folgende Geschichte:

Vier indische Bettler trafen nach einem langen Tag abends zusammen. Jeder hatte etwas mitgebracht: der erste eine Handvoll Reis, der andere ein Stück Fleisch, der dritte einige köstliche Wurzeln, der letzte einen Beutel mit Gewürzen. Sie beschlossen, daraus gemeinsam ein Essen zuzubereiten. Erst brachten sie Wasser zum Kochen. Dann traten alle an den Topf, um ihre Gaben hineinzuwerfen, und erwarteten eine aromatische Suppe. Schließlich bekam jeder seinen Anteil: leider nur eine Schale mit heißem Wasser. In der Dunkelheit hatte jeder zurückbehalten, was er tagsüber bekommen hatte – in der Meinung, es reiche aus, wenn die anderen ihre Gaben gäben.

ZUM NACHDENKEN:

- In welchen Situationen habe ich gespürt, dass Engel am Wirken waren?
- Worin besteht der Unterschied zwischen Überreden und Überzeugen? Wodurch wird es glaubwürdig und authentisch, wenn ich von Jesus erzähle?
- Wie wirkt sich der Einsatz für andere Menschen auf mich selbst und auf meine Beziehung zu Jesus aus?
- Wie werde ich selbst gesegnet, wenn ich für Jesus arbeite und ein Segen für andere bin?
- Welche meiner Fähigkeiten könnte ich für die Sache Gottes einsetzen?

KAPITEL 10

DIE LEHRBÜCHER GOTTES

Gott hat unendlich viele Möglichkeiten, uns anzusprechen und unser Herz zu berühren. Die Natur beispielsweise spricht ununterbrochen unsere Sinne an. Wer ein offenes Herz hat, der wird beeindruckt von der Liebe und Herrlichkeit Gottes, von denen seine Schöpfung erzählt. Immer wieder wies Jesus in seinem wertvollen Unterricht auf sie hin.

Gott entgeht keine Träne

Von den Sternen bis zum kleinsten Atom hört alles in der Natur auf seinen Schöpfer. Gott kümmert sich um alles und beschützt alles, was er geschaffen hat – besonders uns Menschen. Er übersieht keine einzige Träne und überhört kein Lachen.

Wenn wir das wirklich glaubten, dann würden wir Gott alle Sorgen in die Hände legen. Schließlich ist er weder von der Summe noch von der Schwere unserer Sorgen überfordert. Dafür würde uns der tiefe Frieden erfüllen, nach dem sich so viele Menschen sehnen.

Gott möchte, dass wir die Schöpfung wertschätzen und uns über die Schönheit der Natur freuen, mit der er unser Zuhause hier auf der Erde geschmückt hat. Und während wir über die Schönheit dieser Erde staunen, dürfen wir auch an die kommende Welt denken: Dort wird es weder Sünde noch Tod geben. Die Natur wird vollkommen grunderneuert sein, nichts wird mehr an Verfall oder Zerstörung erinnern. Es wird noch herrlicher sein, als unsere lebhafte Fantasie es sich je ausmalen könnte.

Gott spricht uns durch seinen Geist an

Gott spricht uns an, wenn er auf übernatürliche Weise eingreift. Und auch durch seinen Geist, der unser Herz bewegt, redet er zu uns. Überall – in Lebensumständen, in unserem Umfeld und in den täglichen Veränderungen um uns herum – können wir Gottes Stimme und Weisheit erkennen, wenn wir bewusst darauf achten und unser Herz dafür öffnen.

Menschen wie du und ich

Auch durch die Bibel spricht Gott zu uns. Hier zeigt er uns klar und deutlich seinen Charakter, die Hintergründe seines Handelns und den großen Plan der Erlösung. Hier liegt die Geschichte vieler heiliger und einflussreicher Menschen aus alter Zeit offen vor unseren Augen. Wir sehen, wie sie mit ähnlichen Tiefschlägen wie wir zu kämpfen hatten und wie sie genau wie wir Versuchungen erlagen. Aber wir lesen auch, wie sie wieder Mut fassten und mit Gottes Hilfe zu Siegern wurden.

Ihre Geschichten und Erfahrungen inspirieren uns dazu, genau wie sie in einer engen Verbindung mit Gott zu leben.

Hauptperson: Christus

Von den Büchern der Bibel sagte Jesus: „Sie sind's, die von mir zeugen" (Johannes 5,39 LB), von ihm, dem Erlöser, der uns die Hoffnung auf ewiges Leben schenkt.

Tatsächlich erzählt die komplette Bibel von ihm. Vom Schöpfungsbericht an – denn „durch ihn wurde alles geschaffen" – bis hin zur abschließenden Verheißung, „Siehe, ich komme bald" (Johannes 1,3; Offenbarung 22,12) lesen wir von seinem Handeln und hören seine Stimme. Wenn wir Jesus besser kennenlernen wollen, dann sollten wir die Bibel intensiv studieren.

Unser Körper wird von dem aufgebaut, was wir essen und trinken. Genauso ist es mit unserem Geist: Das, womit wir uns gedanklich beschäftigen, verleiht ihm Kraft. Wir sollten deshalb unser Herz mit Gottes Worten füllen! Sie sind das lebendige Wasser, das unseren brennenden Durst löscht. Sie sind das lebendige Brot, das vom Himmel kommt. Jesus meinte dazu: „Die Worte, die ich euch gesagt habe, sind Geist und Leben." [Johannes 6,63]

Ein Studium für die Ewigkeit

Jesus ist unendlich barmherzig und brachte das denkbar größte Opfer für uns. Was er für uns getan hat, fordert uns dazu auf, ganz tief darüber nachzudenken. Wir sollten uns mit seinem Charakter auseinandersetzen und über seine Mission nachdenken, die Menschen von ihrer Schuld zu befreien.

Wenn wir uns mit seiner Vollkommenheit beschäftigen, werden wir gar nichts anderes wollen, als ihm ähnlicher zu werden. Je mehr wir unsere Gedanken auf Jesus richten, umso mehr werden wir anderen Menschen von ihm erzählen wollen.

Dieses Nachdenken wird unseren Glauben und unsere Liebe vertiefen und unsere Gebete noch stärker von Dankbarkeit, Vertrauen und Bewunderung prägen.

Ein Buch für jedermann

Die Bibel wurde nicht allein für hochgebildete Menschen geschrieben. Im Gegenteil! Sie ist für alle Menschen gedacht, egal wie viel Wissen sie haben. Die großen Wahrheiten, die nötig sind, um gerettet zu werden, wurden sonnenklar formuliert. Niemand wird sie missverstehen und den Weg verpassen – ausgenommen die Menschen, die lieber ihrer eigenen Auffassung statt Gottes Willen folgen.

Wir sollten uns nicht auf die Aussagen anderer darüber verlassen, was die Bibel sagt, sondern Gottes Worte selbst studieren! Wenn wir es anderen überlassen, für uns zu denken, dann stumpfen wir ab. Wenn wir uns nicht mit wertvollen Themen beschäftigen, dann verliert der Verstand die Fähigkeit, die tiefe Bedeutung von Gottes Wort zu begreifen. Auf der anderen Seite wächst unser Geist, wenn er gebraucht wird, um die Hintergründe und Zusammenhänge der biblischen Inhalte aufzuspüren.

Die Bibel – ein Brief Gottes

Während seines Theologiestudiums erzählte Wilhelm Busch – später ein bekannter Pastor in Essen – seiner Mutter, dass er keine Freude mehr an der Bibel habe. Er fände darin so viele unverständliche Dinge.

„Weißt du noch, wie du im Krieg fast zwei Jahre ununterbrochen im Feld warst, ohne Urlaub zu bekommen?", erinnerte ihn seine Mutter. „Ich schrieb dir damals von den Ereignissen zu Hause. Und dann schriebst du mir eines Tages in einem Brief: ‚Ich lese in euren Briefen von Lebensmittelkarten, vom Hamstern und Schlangestehen. Ich verstehe das alles nicht. Hat sich denn bei euch alles so verändert? Wie lange und wie weit bin ich von euch weg, dass ich die Briefe aus der Heimat gar nicht mehr verstehen kann!'

Die Bibel ist auch ein Brief, mein Sohn, ein Brief des lebendigen Gottes aus der ewigen Heimat – an dich geschrieben. Wenn du diesen Brief nicht mehr verstehen kannst, darfst du die Schuld nicht bei dem Brief suchen. Es liegt an dir selbst. Du musst sagen: ‚Wie entsetzlich weit bin ich von meinem himmlischen Vater weggekommen, dass ich seinen Brief nicht mehr verstehe!'"

Ein Studium, das fordert und fördert

Nichts stärkt unseren Intellekt mehr als das Studium der Bibel. Wenn wir Gottes Worte intensiv studieren, erweitert das unsere Auffassungsgabe enorm – und macht uns zu besseren Menschen. Ein flüchtiges Lesen unter Zeitdruck bringt dagegen kaum etwas.

Man kann die Bibel von vorne bis hinten lesen, ohne etwas von ihrer Schönheit zu erkennen oder ihre tiefe Bedeutung zu verstehen. Viel wertvoller ist es, eine Textstelle so lange zu studieren, bis man ihre Bedeutung klar erfasst hat und ihre

Beziehung zum Erlösungsplan offensichtlich geworden ist. Wir sollten unsere Bibel immer dabei haben. Sobald wir Gelegenheit dazu haben, können wir uns darin vertiefen und sogar ein paar Verse auswendig lernen.

Zuerst beten, dann lesen

Noch etwas ist wichtig fürs Studieren der Bibel: Erst das Beten gibt uns echte Weisheit. Manche Textstellen sind zu klar, als dass sie missverstanden werden könnten. Aber es gibt genügend Passagen, deren Sinn nicht so offensichtlich ist und sich daher nicht auf den ersten Blick erschließt. Wer sorgfältig forscht und unter Gebet darüber nachdenkt, der wird überreich beschenkt werden.

Bevor wir die Bibel aufschlagen, sollten wir also um Klarheit durch den Heiligen Geist bitten – und wir werden sie bekommen! Es ist seine Aufgabe, uns Jesus, sein Wesen und sein Geschenk der Erlösung bekannt und verständlich zu machen.

Ein Bergmann dringt tief in die Erde vor, um wertvolle Metalle zu finden. Genauso wird ein Mensch, der in der Bibel nach Schätzen sucht, Wahrheiten von unendlichem Wert entdecken. Wer nur an der Oberfläche schürft, wird sie nicht aufspüren. Wer sie findet und im Herzen bewegt, erlebt: Die Worte Gottes erfrischen nicht nur ihn selbst, sondern wirken sich durch ihn auch positiv auf andere aus.

ZUM NACHDENKEN:

- Welche Spuren von Gott, seiner Liebe und seinem Handeln entdecke ich in der Schöpfung? Welche Lehren schenkt Gott mir durch die Natur?
- Was macht mir am Bibellesen Spaß, was finde ich anstrengend?
- Welche Hinweise zum effektiven Bibelstudium habe ich in diesem Kapitel entdeckt? Welche davon sind mir neu?

KAPITEL 11

SPRECHSTUNDE
TAG UND NACHT

Gott spricht zu uns – durch die Natur, die Bibel, sein Eingreifen und seinen Heiligen Geist. Aber das alles reicht noch nicht aus, um eine tiefe Beziehung zu ihm zu haben. Damit unser Geist und unsere Seele wachsen, brauchen wir den direkten, persönlichen Kontakt mit unserem himmlischen Vater. Dann können wir ihm unser Herz ausschütten und ihn in unser Leben hier und heute einbeziehen.

Beten bedeutet, Gott das Herz wie einem Freund zu öffnen. Er hat das zwar nicht nötig, um zu wissen, wie es uns geht, aber wir brauchen es! Beten holt ihn nicht zu uns herunter, sondern es bringt uns zu ihm hinauf.

Jesus als Vorbild

Als Jesus auf der Erde war, brachte er seinen Jüngern bei, zu beten. Er machte ihnen deutlich, dass sie Gott ihre täglichen Bedürfnisse vorlegen und alle Sorgen bei ihm abladen dürfen. Seine Zusage an sie, dass ihre Bitten erhört würden, gilt auch uns.

Jesus selbst betete oft, als er unter den Menschen lebte. Damit identifizierte er sich mit unseren Bedürfnissen und Schwächen. Immer wieder bat er seinen Vater um neue Kraft, um für seine Aufgaben gewappnet zu sein. Er ertrug Kämpfe und Seelenqualen in einer Welt voller Sünde. Darum war das Gebet für ihn beides: Notwendigkeit und gleichzeitig Vorrecht. In der Gemeinschaft mit seinem Vater fand er Trost.

Wenn er, der Erlöser der Menschheit, der Sohn Gottes, nicht auf das Gebet verzichten konnte, wie viel mehr haben wir als schwache Sterbliche voller Schuld es nötig, mit Leidenschaft und Ausdauer zu beten!

Warum so zaghaft?

Unser himmlischer Vater wartet darauf, uns seinen Segen mit vollen Händen zu schenken. Wir sollten nicht zögern, ihm von unseren Bedürfnissen zu erzählen und in ständiger Verbindung mit ihm zu bleiben. Was denken wohl die Engel im Himmel über uns hilflose, der Versuchung ausgesetzte Menschen, wenn sich Gott in unendlicher Liebe nach uns sehnt und uns mehr geben möchte, als wir bitten und begreifen können?

Die Engel lieben es, in seiner Nähe zu sein. Aber seine Kinder hier auf der Erde scheinen diese unendlich sprudelnde Quelle nicht anzuzapfen – dabei sind wir dringend auf die Hilfe angewiesen, die nur von Gott kommen kann.

Der Schlüssel zur Schatzkammer des Himmels

Warum sollten wir also zögern zu beten? Das Gebet ist der Schlüssel in unserer Hand, um die sinnbildliche himmlische Schatzkammer zu öffnen und uns mit dem unerschöpflichen Reichtum Gottes beschenken zu lassen. Der Teufel versucht ständig, uns den Weg dorthin zu versperren, damit wir keine Kraft bekommen, um seinen Versuchungen zu widerstehen. Aber wenn wir beständig beten und achtsam sind, schenkt Gott uns seinen Schutz und seine Kraft.

Unsere Bedürftigkeit

Eine Voraussetzung dafür, dass Gott unsere Gebete erhört, ist die Einsicht, dass wir seine Hilfe brauchen. Wer sich nach Gemeinschaft mit seinem himmlischen Vater sehnt, darf sicher sein, dass diese Sehnsucht gestillt wird. Wir müssen uns einfach seinem Heiligen Geist öffnen, um von ihm gesegnet zu werden.

Gott wünscht sich so sehr, von unseren Bedürfnissen zu erfahren und um seine Hilfe gebeten zu werden – und uns dann zu beschenken. Er sehnt sich danach, mit uns zu kommunizieren! „Der auch seinen eigenen Sohn nicht verschont hat, sondern hat ihn für uns alle dahingegeben – wie sollte er uns mit ihm nicht alles schenken?" [Römer 8,32 LB]

Erkanntes bereinigen

Wenn wir an etwas festhalten, von dem wir begriffen haben, dass es weder uns noch unserer Umwelt guttut, kann Gott unser Beten nicht erhören. Wer seine Fehler einsieht und bereut, der findet bei Gott dagegen immer ein offenes Ohr. Wenn alles, was wir als falsch erkannt haben, bereinigt ist, können wir ganz sicher sein, dass Gott unsere Bitten hört. Sehr wichtig zu verstehen ist aber: Mit dem, was wir Gutes tun, können wir nie Bonuspunkte im Blick auf Gottes Gnade sammeln. Es ist allein das Opfer von Jesus, das uns rettet.

Gott beim Wort nehmen

Es gibt noch einen weiteren Aspekt, der unser Beten umso mächtiger macht. Es ist der Glaube. Jesus sagte zu seinen Jüngern: „Ihr könnt beten, worum ihr wollt – wenn ihr glaubt, werdet ihr es erhalten." [Markus 11,24] Nehmen wir diese Aussage ernst? Diese Zusage ist umfassend und unbefristet, und der, der sie gegeben hat, ist für immer treu!

Wenn wir nicht genau das bekommen, worum wir gebeten haben, und auch nicht zu dem Zeitpunkt, zu dem wir es erwarten, sollten wir trotzdem vertrauen, dass Gott unsere Gebete *ge*hört hat und sie auch *er*hören wird.

Kein Kontolimit

Wenn ich bei einer Bank einen Barscheck einreiche, bekomme ich nur dann Geld, wenn er gedeckt ist, das heißt wenn genügend Geld auf dem Konto ist. Wenn wir uns im Gebet an die „himmlische Bank" wenden, um etwas zu bekommen, dürfen wir wissen: Die „Schecks" von Jesus sind immer gedeckt und sein Konto hat kein Limit. „Im Namen Jesu" zu bitten heißt, bei Gott die Schecks der Verheißungen einzureichen und sich auf die Verdienste von Jesus zu berufen.

Unbeantwortete Gebete

Wir sind so kurzsichtig, dass wir manchmal um Dinge bitten, die für uns überhaupt kein Segen wären. Weil unser himmlischer Vater das weiß und weil er uns liebt, erhört er unsere Gebete so, wie es für uns am besten ist. Was er uns schenkt, ist das, was wir uns selbst wünschen würden, wenn wir den göttlichen Überblick hätten. Wenn unsere Gebete scheinbar unbeantwortet bleiben, sollten wir uns an diese Gewissheit klammern: Wir werden mit Sicherheit von Gott gesegnet – zu der Zeit und in dem Maße, wie wir es brauchen. Es wäre anmaßend zu erwarten, dass unser Gebet sich genau so erfüllt, wie wir uns das wünschen.

Gott ist zu weise, um Fehler zu machen. Und er ist zu gut, um denen etwas Gutes vorzuenthalten, die er liebt. Deshalb sollten wir keine Angst haben, ihm zu vertrauen, auch wenn wir keine unmittelbare Antwort auf unsere Gebete erkennen.

Vergebungsbereitschaft

Wenn wir Gott um seine Gnade und Vergebung bitten, müssen wir selbst auch mitfühlend und vergebungsbereit sein. Wie könnten wir Gott bitten: „Vergib uns unsere Schuld, wie auch wir denen vergeben haben, die an uns schuldig geworden sind" [Matthäus 6,12], und nachtragend bleiben? Wenn wir erwarten, dass unsere Gebete erhört werden, müssen wir anderen in derselben Weise und in dem Maße vergeben, wie wir uns selbst Vergebung wünschen.

Beharrlich im Gebet

Es gibt noch eine Bedingung dafür, dass unsere Gebete mit Nachdruck bei Gott ankommen. Und zwar ist es Ausdauer. Wenn wir im Glauben und in der Erfahrung als Christ wachsen wollen, müssen wir „beharrlich im Gebet" sein (Römer 12,12 LB). Beharrliches Gebet bedeutet: Wir haben eine ununterbrochene Verbindung mit Gott. Wir bekommen von ihm Orientierung und Kraft, und von uns fließen Dankbarkeit und Treue zu ihm zurück.

Wir sollten uns also durch nichts vom Beten abhalten lassen, sondern die Gemeinschaft mit Jesus um jeden Preis aufrechterhalten.

Allein oder mit anderen beten?

In der Familie zu beten, tut allen gut. Und auch öffentlich zu beten, ist ein großer Segen für alle Beteiligten. Aber wir dürfen daneben das persönliche Beten nicht vernachlässigen. Das Gebet, für das wir uns zurückziehen und das nur für Gottes Ohren bestimmt ist. Was uns belastet, sollte niemand neugierig mithören. Beim Beten ganz im Stillen, abseits des Trubels, sind wir frei von äußeren Einflüssen. In aller Ruhe und deshalb umso intensiver können wir uns nach Gott ausstrecken.

Auch während unserer täglichen Arbeit sollte unser Herz immer wieder Verbindung zu Gott aufnehmen. Der Teufel kann den Menschen nicht überwinden, dessen Herz so mit Gott verbunden ist.

Immer und überall

Es gibt keinen falschen Zeitpunkt und keinen falschen Ort, um unsere Bitten vor Gott zu bringen. Im Gedränge auf der Straße oder während einer geschäftlichen Verabredung: Überall können wir ein stilles Eckchen für die Gemeinschaft mit Gott finden. Selbst wenn wir von einer unangenehmen Atmosphäre umgeben sind, können wir im Gebet die reine Luft des Himmels atmen.

Wir können so nah bei Gott bleiben, dass unsere Gedanken sich ihm so selbstverständlich zuwenden wie Blumen der Sonne, wenn wir mit einer Herausforderung konfrontiert sind.

Mit Gott über alles reden

Alle Bedürfnisse, Freuden, Sorgen und Ängste können wir vor Gott bringen. Wir können ihn damit weder belasten noch ermüden. Gott kennt sogar die Anzahl der Haare auf unserem Kopf! Seine Kinder und ihre Schwierigkeiten sind ihm niemals gleichgültig. Nichts ist zu groß, als dass er es nicht tragen könnte, schließlich hält er Welten in seiner Hand!

Es gibt kein Kapitel in unserer Lebensgeschichte, das er nicht lesen wollte, weil es zu dunkel ist. Keine Lebenssituation ist so chaotisch, dass er sie nicht ordnen könnte. „Er heilt, die zerbrochenen Herzens sind, und verbindet ihre Wunden." [Psalm 147,3 LB] Das Verhältnis zwischen Gott und jedem Menschen ist so individuell und umfassend, als ob es niemand anderen auf der Erde gäbe, für den er zu sorgen hätte.

Ora et labora (bete und arbeite)

Gottes Absicht für uns ist nicht, dass wir Einsiedler oder Mönche werden und uns aus der Gesellschaft zurückziehen, um uns ganz allein seiner Anbetung zu verschreiben. Unser Leben soll dem Leben von Jesus ähnlich sein, zwischen der Gemeinschaft mit seinem Vater in der Einsamkeit und dem geschäftigen Einsatz für die Menschen.

Wer nur betet und sonst nichts tut, wird bald aufhören zu beten. Oder seine Gebete werden zur äußerlichen Routine. Wer sich vom Leben in der Gesellschaft zurückzieht und sich dort nicht mehr für Jesus einsetzt, wird bald keine Motivation mehr zum Beten haben.

Gemeinschaft mit anderen Betern

Wir sollten unbedingt Gemeinschaft mit anderen pflegen, um uns gegenseitig für unseren Einsatz für Gott zu ermutigen und zu stärken. Dann wächst unser Mitgefühl und wir wachsen näher zu Jesus. Wir würden einen immensen Vorteil der Gemeinschaft mit Christen verschenken, wenn wir nicht gegenseitig Anteil nehmen. Wer sich einigelt, füllt nicht den Platz aus, den Gott sich für ihn wünscht.

Wenn Christen zusammenkommen und sich über Gottes Liebe und seinen Rettungsplan austauschen, dann inspirieren und beflügeln sie sich gegenseitig. Würden wir mehr über Jesus nachdenken und mehr von ihm erzählen als von uns selbst, dann würden wir viel mehr von seiner Gegenwart in unserem Leben profitieren.

Danken, singen, feiern

Unser Glaubensleben sollte nicht nur aus Bitten und Bekommen bestehen. Vermutlich bitten wir niemals zu viel. Aber allzu oft sparen wir am Danken. Wie viel Gutes bekommen wir von Gott und wie wenig Dank und Anerkennung bekommt er von uns zurück?

Im Alten Testament lesen wir, was Gott zu den Israeliten darüber sagte, wie sie Gottesdienst feiern sollten: „Dort, in der Gegenwart des HERRN, sollt ihr mit euren Familien feiern, von den Opfergaben essen und euch an allem freuen, was ihr erarbeitet und von ihm geschenkt bekommen habt." (5. Mose 12,7 Hfa) Was wir tun, um Gott zu ehren, dürfen und sollten wir mit Fröhlichkeit, mit Lobliedern, Dank, Begeisterung und Lachen tun – und nicht schwermütig und trübsinnig.

Unser Gott ist ein liebevoller, barmherziger Vater und er will nicht, dass wir uns so verhalten, als wäre er ein strenger, verbissener Arbeitgeber. Er ist unser bester Freund und will uns trösten und unser Herz mit Freude und Liebe füllen, wenn wir ihn anbeten.

In Gedanken sollten wir uns immer wieder am Kreuz versammeln. Jesus, der für uns gekreuzigt wurde und wiederauferstanden ist, sollte im Mittelpunkt unserer Gebete und Gespräche stehen. Wenn wir jedes Segensgeschenk von Gott im

Gedächtnis behalten und uns seiner riesigen Liebe bewusst sind, dann werden wir bereit sein, ihm alles – unser ganzes Leben – anzuvertrauen.

ZUM NACHDENKEN:

■ Was hilft mir dabei, eine Beziehung zu Gott aufzubauen?

■ In welchen Situationen habe ich erlebt, wie sich durch das Gebet „Türen" öffneten – im Himmel und auf der Erde?

■ Welche Erfahrungen habe ich mit dem Beten in der Gruppe und in der Familie gemacht? Und welche, wenn ich mich zurückgezogen und nur still für mich gebetet habe?

■ Wie ist das Verhältnis zwischen Bitten und Danken in meinen Gebeten?

KAPITEL 12

MIT ZWEIFELN
UMGEHEN

Viele Menschen werden – besonders wenn sie noch n cht lange gläubig sind – gelegentlich von Skepsis und Zweifeln beunruhigt: Es gibt in der Bibel so viele Dinge, die sie nicht verstehen. Der Teufel nutzt das, um ihr Vertrauen in die Bibel zu erschüttern. Sie fragen sich dann: „Wenn die Bibel tatsächlich Gottes Wort ist, wie kann ich von diesen Zweifeln und verwirrenden Gedanken frei werden?"

Keine Beweise

Gott erwartet niemals von uns, dass wir ihm vertrauen, ohne uns eine ausreichende Grundlage für unseren Glauben zu geben. Für seine Existenz und für die Zuverlässigkeit seines Wortes hat er uns eine Fülle an Hinweisen geschenkt, die sich an unseren Verstand richten. Allerdings hat er nie die Möglichkeit zum Zweifeln beseitigt. Unser Vertrauen in ihn beruht auf Einsichten, nicht auf Beweisführung. Wer zweifeln will, findet Gelegenheit dazu; wer aber die Wahrheit erkennen möchte, wird mehr als genug Einsichten finden, auf die er seinen Glauben bauen kann.

Unser begrenzter Verstand kann das Wesen und das Handeln des unendlichen Gottes unmöglich völlig begreifen. Selbst für den schärfsten Verstand und für den höchst gebildeten Geist wird Gott immer geheimnisvoll bleiben. Der Apostel Paulus bekannte einmal: „O welch eine Tiefe des Reichtums, beides, der Weisheit und der Erkenntnis Gottes! Wie unbegreiflich sind seine Gerichte und unerforschlich seine Wege!" (Römer 11,33 LB) Wir können so viel von seinem Umgang mit uns und von seinen Beweggründen verstehen, dass wir seine grenzenlose Liebe – verbunden mit unendlicher Macht – erkennen. Wir erfassen so viel von seinen Plänen, wie es für uns gut ist zu wissen. Darüber hinaus müssen wir einem Gott vertrauen, der allmächtig und voller Liebe ist.

Geheimnisse – in der Bibel und in der Natur

Gottes Wort enthält tiefe Geheimnisse, die wir sterbliche Menschen niemals völlig begreifen werden: Wie kam die Sünde in die Welt? Wie konnte Jesus ein Mensch werden, sterben und dann wiederauferstehen? Wie funktioniert das mit der Taufe? Aber das ist kein Grund, die Bibel infrage zu stellen; denn auch in der Welt um uns herum sind wir von so vielen Geheimnissen umgeben, die wir nicht vollständig begreifen können.

Überall begegnen uns Wunder, die unseren Horizont übersteigen. Sollte es uns also überraschen, dass es auch im geistlichen Bereich Geheimnisse gibt, die wir nicht entschlüsseln können? Das Problem liegt allein darin, dass der menschliche Verstand begrenzt ist.

Eine klare Bestätigung

Der Apostel Petrus gab zu, dass in der Bibel „einige Dinge schwer zu verstehen sind, welche die Unwissenden und Leichtfertigen verdrehen … zu ihrer eigenen Verdammnis" (2. Petrus 3,16 LB). Die schwer verständlichen Aussagen werden von Skeptikern als Beweis gegen die Bibel angeführt; in Wirklichkeit sind sie ein starkes Argument für ihre göttliche Inspiration.

Was wäre, wenn die Bibel nur das von Gott berichten würde, was leicht zu verstehen ist? Und was, wenn unser begrenzter Verstand Gottes Größe und Majestät völlig erfassen könnte? Dann würde der Bibel die Beglaubigung ihrer göttlichen Autorität fehlen. Gerade die Ernsthaftigkeit und die Tiefe der Themen, die sie enthält, sollten das Vertrauen in sie als Gottes Wort vertiefen.

Verständlich und herausragend zugleich

Die Bibel entfaltet die Wahrheit in einer einfachen Form, die den Bedürfnissen und Sehnsüchten des menschlichen Herzens optimal angepasst ist. Auf der einen Seite überrascht und fasziniert das einen hochgebildeten Leser. Auf der anderen Seite ermöglicht es einem ganz einfachen und ungebildeten Leser, den Weg zur Erlösung zu erkennen. Doch selbst bei diesen leicht verständlich verfassten Wahrheiten geht es um Themen, die so ernsthaft und tief greifend sind und das menschliche Fassungsvermögen so sehr sprengen, dass wir sie nur annehmen können, weil Gott sie uns mitgeteilt hat. Je eingehender jemand, der nach der Wahrheit sucht, die Bibel studiert, desto stärker wächst seine Überzeugung, dass sie das Wort des lebendigen Gottes ist. Der menschliche Verstand muss sich vor der Würde der göttlichen Offenbarung beugen.

Dass wir die großen Wahrheiten der Bibel nicht völlig begreifen können, zeigt also nur, dass der menschliche Verstand endlich ist. Daher ist es ihm unmöglich, das Unendliche zu fassen.

Vorsicht vor Stolz und Ungeduld

Wir sollten die Lehren der Bibel genau studieren und die tiefsten Geheimnisse Gottes erforschen, soweit sie uns deutlich werden (1. Korinther 2,10). Der Teufel arbeitet allerdings daran, uns in unserem Forscherdrang zu verunsichern. Er mischt einen gewissen Stolz ins Studium der Bibel, sodass Menschen ungeduldig und unzufrieden werden, wenn sie nicht jede Aussage nach ihren Erwartungen auslegen können. Sie fühlen sich erniedrigt, wenn sie zugeben müssen, dass sie die inspirierten Aussagen nicht verstehen. Sie meinen, dass ihre menschliche Weisheit allein ausreicht, um die Bibel zu begreifen. Weil ihnen das aber nicht gelingt, streiten sie die Autorität von Gottes Wort ab.

Viele Theorien und Lehren, die man allgemein für bibelfundiert hält, haben überhaupt keine biblische Grundlage, sondern widersprechen ihrem gesamten Inhalt. Das hat bei vielen Zweifel und Verwirrung ausgelöst. Allerdings darf man das nicht dem Wort Gottes anlasten, sondern der Verdrehung durch den Menschen.

Ewig dazulernen

Was wäre, wenn wir als geschaffene Wesen Gott und sein Wirken lückenlos verstehen könnten? Es gäbe nach dem Erreichen dieser Stufe kein Wachstum des Verstands, des Herzens und im Erkennen mehr. Gott wäre dann nicht länger der Allerhöchste, und die Menschen würden keine Fortschritte mehr machen, nachdem sie die Wissens- und Leistungsgrenze erreicht hätten. Doch – Gott sei Dank! – ist es nicht so. Gott, in dem „alle Schätze der Weisheit und Erkenntnis verborgen" liegen, ist unendlich (Kolosser 2,3). Bis in alle Ewigkeit werden die Menschen forschen, dazulernen und trotzdem niemals alle Schätze von Gottes Weisheit, Güte und Macht entdecken.

Gott möchte aber, dass uns die Wahrheiten seines Wortes schon in diesem Leben immer verständlicher werden. Dabei sind wir auf denselben Geist angewiesen, der es inspiriert hat, auf den Heiligen Geist. Jesus versprach uns: „Wenn der Geist der Wahrheit kommt, wird er euch in alle Wahrheit leiten." (Johannes 16,13)

Die Vernunft wird vergöttert

Gott wünscht sich, dass der Mensch seinen Verstand benutzt. Wenn wir die Bibel studieren, dann macht das unseren Verstand so scharfsinnig, wie es kein anderes Buch und keine andere Lehre jemals könnten. Aber wir müssen darauf achten, die Vernunft nicht zu vergöttern! Schließlich unterliegt sie der menschlichen Unzulänglichkeit und Schwäche. Wir brauchen das Vertrauen und die Lernbereitschaft eines kleinen Kindes. Wir sollten für Gottes Wort tiefe Ehrfurcht empfinden, als würden wir in Gottes Gegenwart eintreten. Wenn wir uns mit der Bibel beschäftigen, muss die Vernunft eine Autorität anerkennen, die höher steht als sie selbst, und Herz und Verstand müssen sich vor dem großen Schöpfergott beugen.

Kann Bibellesen auch schaden?

Ohne vom Heiligen Geist geleitet zu werden, laufen wir ständig Gefahr, die Bibel zu verdrehen oder sie falsch zu deuten. Sie wird häufig auf eine Art gelesen, die nicht nur nutzlos, sondern in vielen Fällen definitiv schädlich ist. Wenn wir Gottes Wort ohne Ehrfurcht und Gebet aufschlagen, wenn unsere Gedanken nicht auf Gott gerichtet sind oder nicht in Einklang mit seinem Willen stehen, wird der Verstand von Zweifeln verschleiert und das Bibelstudium verstärkt sogar die Skepsis. Gottes Feind übernimmt dann die Kontrolle über unsere Gedanken und verleitet uns zu falschen Deutungen.

Wer die Bibel liest, um Widersprüche zu finden, hat keine geistliche Einsicht. Aufgrund seiner verzerrten Sicht wird er selbst dort Gründe für Zweifel und Unglauben finden, wo die Aussagen klar und deutlich sind.

Bereit zur Umsetzung?

Wie auch immer man es umschreiben mag: Die wahre Ursache für Zweifel und Vorbehalte ist in den meisten Fällen die Liebe zur Sünde. Wer nicht gewillt ist, den Lehren und Forderungen der Bibel nachzukommen, der zweifelt die Autorität von Gottes Wort gerne an. Um die Wahrheit zu finden, müssen wir ein echtes und ehrliches Verlangen haben, sie zu verstehen, und bereit sein, ihr dann auch Folge zu leisten. Alle, die mit dieser Einstellung ans Studium der Bibel gehen, werden in Hülle und Fülle Hinweise dafür finden, dass sie das Wort Gottes ist.

Jesus sagte: „Wer den Willen Gottes tun will, wird erkennen, ob meine Lehre von Gott kommt." (Johannes 7,17) Statt in Zweifel zu ziehen, was wir nicht verstehen, und Wortklauberei zu betreiben, sollten wir uns auf das konzentrieren, was schon klar ist – dann werden wir noch viel größere Klarheit bekommen. Mit Gottes Hilfe können wir jede Aufgabe umsetzen, die uns bereits klar geworden ist. Und er wird es ebenso möglich machen, dass wir das verstehen und umsetzen, was uns jetzt noch rätselhaft erscheint.

Die Gräten können warten

Wenn wir beim Bibelstudium auf schwer verständliche Aussagen stoßen, sollten wir den Rat eines erfahrenen Bibellesers umsetzen. Er erklärt: „Ich habe mich lange mit den schwierigen Dingen in der Heiligen Schrift abgemüht, bis ich schließlich merkte, dass das Lesen der Bibel dem Essen eines Fisches gleicht. Wenn ich auf eine Schwierigkeit stoße, lege ich sie zur Seite wie eine Gräte. Warum sollte ich an einer Gräte ersticken, wenn es so viel Essbares um sie herum gibt? Vielleicht stellt sich eines Tages heraus, dass mir selbst die Gräte zur Nahrung dient."

Der Beweis durch Erfahrung

Ein Beweis steht jedem offen, dem intellektuellsten wie dem einfachsten Menschen: der Beweis der Erfahrung. Gott lädt uns ein, selbst die Wahrhaftigkeit seines Wortes und die Zuverlässigkeit seiner Versprechen zu prüfen: „Schmecket und sehet, wie freundlich der HERR ist." (Psalm 34,9 LB) Anstatt uns auf die Worte anderer zu verlassen, sollen wir selbst sehen und schmecken. Seine Versprechen werden sich erfüllen. Sie sind nie fehlgeschlagen und sie können niemals fehlschlagen. Je näher wir zu Jesus kommen und uns über die Großartigkeit seiner Liebe freuen, umso mehr werden unsere Zweifel und die Dunkelheit im Licht seiner Gegenwart verschwinden.

Jeder, der zu Jesus und damit zum ewigen Leben mit ihm gefunden hat, kann bestätigen: „Ich brauchte Hilfe und fand sie in Jesus. Er hat den Hunger meiner Seele gestillt. Nun ist die

Bibel für mich die Offenbarung von Jesus Christus. Du fragst, warum ich an Jesus glaube? Weil er mein Erlöser ist. Warum ich der Bibel vertraue? Weil ich herausgefunden habe, dass sie die Stimme Gottes ist, die zu meiner Seele spricht."

Eines Tages werden wir jubeln, wenn alles, was uns bisher verunsichert hat, klargestellt wird, und was uns hier schwer verständlich war, eine Erklärung bekommt. Wo unser begrenzter Verstand nur Verwirrendes sah, werden wir die schönste Harmonie erkennen. „Jetzt sehen wir die Dinge noch unvollkommen, wie in einem trüben Spiegel, dann aber werden wir alles in völliger Klarheit erkennen. Alles, was ich jetzt weiß, ist unvollständig; dann aber werde ich alles erkennen, so wie Gott mich jetzt schon kennt." [1. Korinther 13,12]

ZUM NACHDENKEN:

- Welche Aussagen der Bibel verstehe ich nicht? Wer könnte sie mir erklären?
- Der Schriftsteller Mark Twain sagte einmal: „Die meisten Menschen haben Schwierigkeiten mit den Bibelstellen, die sie nicht verstehen. Ich muss zugeben, dass gerade die Bibelstellen, die ich gut verstehe, mich unruhig machen." Geht es mir ähnlich?
- Was hat mich von der Zuverlässigkeit der Bibel überzeugt?
- Welche Erfahrungen habe ich damit gemacht, Gottes Versprechen in Anspruch zu nehmen?
- Wie gehe ich damit um, dass Gott mich mitunter auf rätselhafte Weise führt?

KAPITEL 13

KEINE SORGEN
MEHR!

Gott hat einen Plan für alle seine Kinder: Er wünscht sich, dass wir Jesus hier auf der Erde vertreten, indem wir genauso wie er freundlich, liebevoll und barmherzig sind. So wie er uns den wahren Charakter seines Vaters gezeigt hat, sollen wir Jesus einer Welt zeigen, die seine Liebe nicht kennt: „Wie du mich in die Welt gesandt hast, so sende ich sie in die Welt." (Johannes 17,18)

Offene Briefe

Paulus schrieb den Jüngern von Jesus: „Ist doch offenbar geworden, dass ihr ein Brief Christi seid", „erkannt und gelesen von allen Menschen!" (2. Korinther 3,3.2 LB) Wenn wir zu Jesus gehören, dann schickt er durch uns einen Brief an unsere Familien, an unsere Stadt, an die Straße, in der wir wohnen.

Jesus, der in unserem Herz lebt, will so gerne auch zu den Herzen der Menschen sprechen, die ihn noch nicht kennen. Sie lesen vielleicht nicht in der Bibel oder hören die Stimme nicht, die aus ihren Seiten zu ihnen spricht; sie erkennen die Liebe Gottes durch seine erstaunliche Schöpfung nicht. Wenn wir aber authentische Vertreter von Jesus sind, können sie durch uns etwas von seiner Gnade verstehen und dazu animiert werden, ihn auch zu lieben und sich für ihn zu entscheiden.

Ist Gott bei mir zu finden?

Eine dänische Baronin hatte in Ostafrika einen schwarzen Diener, der nach drei Monaten plötzlich kündigte, um zum arabischen Bürgermeister von Mombasa zu gehen. Nach dem Grund befragt, sagte er: „Ihr Christen verkündigt Gott, und die Moslems verkündigen Gott. Ich möchte wissen, wo Gott wirklich ist. Dort will ich mich dann anschließen. Darum bin ich drei Monate bei dir gewesen und nun gehe ich drei Monate zu dem Moslem."

Dies machte der Baronin lange zu schaffen. Sie dachte: „Hätte ich gewusst, dass jemand Gott bei mir sucht, hätte ich mich oft anders verhalten."

Keine guten Empfehlungsbriefe

Trübsinnige und jammernde Christen verbreiten ein falsches Bild von Gott und vom Leben als Christ. Das passt sehr gut in den Plan des Teufels, Gott so darzustellen, als hätte er kein Mitgefühl und würde gnadenlos handeln. Er nährt diese Vorstellung mit falschen Anschauungen über Gott. Anstatt zu verinnerlichen, wie unser himmlischer Vater wirklich ist, konzentrieren wir uns zu häufig auf diese falschen Darstellungen und entehren Gott, indem wir ihm misstrauen und uns über ihn beschweren.

Der Teufel versucht auch, das Leben als Christ als jämmerlich und beschwerlich darzustellen. Vermittelt ein Christ durch sein Leben einen derartigen Eindruck vom Glauben, unterstützt er damit diese Lügen.

„Pflück die Rosen, nicht die Dornen!"

Viele beschäftigen sich zu sehr mit ihren Fehlern und Enttäuschungen, und ihre Herzen sind bis oben hin voll mit Sorgen und Frust. Mir schrieb einmal eine Christin, der es genauso ging. Sie war sehr traurig und bat mich um ein paar aufbauende Worte.

In der darauffolgenden Nacht träumte ich, ich wäre in einem Garten. Der Gärtner führte mich herum. Dabei pflückte ich Blumen und freute mich über ihren herrlichen Duft. Da sprach mich die Briefschreiberin an, die neben mir gegangen war, und deutete auf einige unansehnliche Dornensträucher, die ihr den Weg versperrten, denn sie hatte den Weg verlassen, den uns der Gärtner führte, und lief durch die Dornen und Stacheln.

„Ist es nicht schade", klagte sie, „dass dieser schöne Garten durch Dornen verschandelt wird?" Da sagte mein Begleiter zu ihr: „Beschäftige dich doch nicht mit den Dornen, sie verletzen dich nur. Pflück lieber die Rosen, Lilien und Nelken."

Aufbauende Rückblicke

Wozu führt es, wenn wir alle unsere unerfreulichen Erinnerungen der Vergangenheit, erlebte Ungerechtigkeiten und Enttäuschungen sammeln, darüber reden und ihnen nachtrauern? Wir werden irgendwann von Depressionen überwältigt. In einem traurigen Herzen wird es ganz dunkel. Es kapselt sich ab und lässt Gottes Licht nicht mehr hinein. Und schließlich wirft es auch noch Schatten auf den Lebensweg anderer Menschen.

Wenn wir zurückblicken, finden wir mit Sicherheit auch fröhliche Seiten in den Kapiteln unserer Lebensgeschichte! Wuchsen da nicht Gottes Versprechen entlang unseres Weges – genau wie fantastisch duftende Blumen? Sollten wir nicht ihre Schönheit in uns aufsaugen?

Beweise seiner Liebe

Gott hat uns schon so viel Gutes geschenkt, worüber wir immer wieder staunen und nachdenken können: Sein Sohn kam vom Himmel auf die Erde, um uns aus der Gewalt des Teufels zu befreien; er baute die Brücke über den Graben der Sünde und brachte uns wieder in Verbindung mit Gott; jetzt dürfen wir seinen Charakter widerspiegeln und uns auf die ewige Zukunft mit ihm freuen. Diese wundervollen Bilder sollten unsere Herzen und Gedanken füllen!

Undankbare Kinder

Wie würde sich eine Mutter fühlen, die ihr Leben lang alles für das Wohl der Familie getan hat, wenn ihre Kinder sich ständig über sie beschweren würden? Ganz so, als hätte sie es nicht gut mit ihnen gemeint? Angenommen, ihre Kinder würden ihre Liebe anzweifeln: Es würde ihr das Herz brechen. Wie würden Eltern sich fühlen, wenn ihre Kinder sie so behandeln würden?

Was soll unser Vater im Himmel von uns denken, wenn wir seine Liebe infrage stellen? Die Liebe, die ihn dazu bewegte, seinen eigenen Sohn sterben zu lassen, damit wir für immer leben können? Der Apostel Paulus schrieb dazu: „Gott hat nicht einmal seinen eigenen Sohn verschont, sondern hat ihn für uns alle gegeben. Und wenn Gott uns Christus gab, wird er uns mit ihm dann nicht auch alles andere schenken?" (Römer 8,32) Und doch bringen viele – wenn auch nicht mit Worten, aber durch ihr Verhalten – zum Ausdruck: „Das gilt nicht für mich. Er liebt vielleicht andere, aber mich liebt er nicht." Das verletzt unsere Seele!

Eine ungute Saat

Wenn wir den Einflüsterungen des Teufels zuhören, dann wird misstrauisches Hinterfragen unsere Gedanken prägen. Wenn wir dann über diese schlechten Gefühle mit anderen sprechen, wird jeder Zweifel, über den wir reden, nicht nur Einfluss auf uns selbst haben, sondern wie ein Samenkorn im Leben anderer aufgehen und Früchte tragen.

Wir selbst erholen uns vielleicht von so einer Phase des Zweifelns und Grübelns wieder. Aber andere, die sich von uns haben beeinflussen lassen, sind dann vielleicht nicht in der Lage, sich von dem Unglauben zu lösen, den wir gesät haben. Umso wichtiger ist es, dass wir nur Dinge sagen, die uns und andere im Glauben stärken und motivieren!

Der Einfluss unserer Worte

Für alle unsere Sorgen ist Gott da. Wir brauchen sie also nicht bei unseren Mitmenschen abzuladen, sondern können sie im

Gebet in Gottes Hände legen. Wir sollten eine richtige Regel daraus machen, Worte voller Hoffnung weiterzugeben, um Licht in das Leben unserer Mitmenschen zu bringen und ihnen Mut zu machen.

Selbst ein tief verwurzelter Christ erlebt und erleidet Versuchungen. Wenn dann die Mächte des Bösen an ihm zerren und er seinen Glauben über Bord werfen will, sind wir gefragt! Mit stärkenden Worten und Erfahrungen können wir ihn wieder aufrichten. Wir sollten uns über Jesus austauschen, der Fürsprache für uns beim Vater einlegt und alles für uns getan hat.

Hat Jesus nie gelacht?

Viele Menschen haben eine absolut falsche Vorstellung davon, wie Jesus hier auf der Erde lebte und welches Wesen er hat. Sie glauben, dass er weder Herzlichkeit noch Heiterkeit kannte, sondern ernst, streng und verbissen war. In vielen Fällen prägen diese düsteren Vorstellungen das gesamte Glaubensleben.

Oft wird gesagt, Jesus habe zwar geweint, man habe ihn aber nie lächeln sehen. Und es stimmt auch, dass unser Erlöser „ein Mann der Schmerzen" war. Er wusste, was Trauer ist, weil er sein Herz für die Tränen der Menschen öffnete. Aber obwohl er auf so vieles freiwillig verzichtete und sein Leben von Schmerzen und Sorgen überschattet war, ließ er sich davon nicht erdrücken. Auf seinem Gesicht sah man keinen Ausdruck von Traurigkeit oder Verdrießlichkeit. Er strahlte immer Gelassenheit aus. Wohin er auch kam, stiftete er Frieden und Fröhlichkeit.

Verständnis aufbringen

Solange wir ständig auf unfreundlichem und ungerechtem Verhalten anderer herumhacken, werden wir sie unmöglich so lieben können, wie Jesus uns liebt. Wenn wir aber unseren Fokus auf Jesus richten, dann kann seine Liebe durch uns auf andere überfließen.

Wir sollen einander lieben und respektieren – ungeachtet unserer offensichtlichen Fehler und Unvollkommenheiten. Wir sollten demütig und geduldig mit anderen umgehen. Das macht uns wirklich großzügig und entgegenkommend – Egoismus hat dann keinen Platz mehr.

Was füllt unser Denken?

Kaum ein Tag vergeht ohne Sorgen und Stress. Deshalb neigen wir leicht dazu, über unsere Schwierigkeiten zu reden, wenn wir andere Menschen treffen. Es machen sich dann aber so viele unnötige Sorgen breit, es werden so viele Ängste gewälzt und so viele Befürchtungen geäußert, dass man meinen könnte, wir hätten gar keinen mitfühlenden und liebenden Erlöser, der bereit ist, alle unsere Bitten zu hören und uns in jeder Not zur Seite zu stehen!

Manche Menschen leben in ständiger Angst und geraten dauernd in Schwierigkeiten. Dabei sind sie täglich von Zeichen der Liebe Gottes umgeben. Aber sie übersehen das Gute, das er ihnen schenkt. Ihre Gedanken sind dauernd mit unangenehmen Dingen beschäftigt, die sie fürchten. Manch eine Schwierigkeit existiert vielleicht tatsächlich – und obwohl sie eigentlich so unbedeutend ist, versperrt sie ihnen die Sicht auf die vielen Dinge, für die sie dankbar sein könnten. Die Schwierigkeiten, denen sie begegnen, trennen sie von Gott, weil sie Unruhe und Unzufriedenheit wecken. Dabei sollten uns Stolpersteine näher zu Gott bringen, denn nur bei ihm finden wir wirkliche Hilfe!

Warum so undankbar?

Warum sind wir oft so undankbar und misstrauisch? Der ganze Himmel will, dass es uns gut geht. Wir sollten nicht zulassen, dass die Hürden des Alltags unsere Stimmung verdunkeln und uns quälen. Lassen wir das zu, werden wir mit Sicherheit immer irgendetwas finden, das uns traurig macht. Gott will nicht, dass wir von Sorgen erdrückt werden. Er macht uns aber auch nichts vor und sagt nicht etwa: „Ihr braucht keine Angst zu haben, auf eurem Weg lauern sicherlich keine Gefahren."

Gott weiß, dass Prüfungen und Gefahren auf uns zukommen, darum geht er offen mit uns um. Er zieht uns nicht einfach aus der Welt der Sünde und des Bösen heraus, sondern er bietet uns einen garantiert sicheren Zufluchtsort an. Für seine Jünger betete Jesus: „Ich bitte dich nicht, dass du sie aus der Welt herausnimmst, sondern dass du sie vor dem Bösen bewahrst." (Johannes 17,15) Und weiter sagte er zu ihnen: „Hier auf der Erde werdet ihr viel Schweres erleben. Aber habt Mut, denn ich habe die Welt überwunden." (Johannes 16,33)

Wertvoller als Vögel und Blumen

In der Bergpredigt fordert Jesus uns mit Bildern und Vergleichen aus der Natur zum Denken auf. Wie ist das zum Beispiel mit den Vögeln, die ihre Lieder zwitschern, frei von jeglichen Sorgen? „Sie säen nicht, sie ernten nicht", und doch kümmert sich der große Vater um alle ihre Bedürfnisse. Dann fragt er: „Seid ihr denn nicht viel kostbarer als sie?" (Matthäus 6,26 LB)

Gott kümmert sich um seine Geschöpfe. Zwar lässt er ihnen die Würmer nicht in den Schnabel fallen, aber er sorgt für alles, was sie zum Leben brauchen. Sie müssen die Körner sammeln, sich Nester bauen und später ihre Jungen füttern. Sie tun das alles und zwitschern dabei. Sind wir als denkfähige Geschöpfe nicht wertvoller als die Vögel in der Luft? Wird nicht der, der uns geschaffen hat und unser Leben erhält, für unsere Bedürfnisse sorgen, wenn wir ihm nur vertrauen?

Jesus zieht auch die Blumen auf dem Feld als Beispiel heran. Sie breiten sich in üppiger Fülle aus und strahlen in der schlichten Schönheit, die ihnen der Schöpfer als Ausdruck seiner Liebe zum Menschen gegeben hat. Jesus fordert uns auf: „Schaut die Lilien auf dem Feld an, wie sie wachsen." Die Schönheit und Schlichtheit dieser Blumen übertreffen den Prunk royaler Garderoben. Jesus fragt weiter: „Wenn nun Gott das Gras auf dem Feld so kleidet, das doch heute steht und morgen n den

Ofen geworfen wird: sollte er das nicht viel mehr für euch tun, ihr Kleingläubigen?" (Matthäus 6,28.30 LB)

Wenn Gott, der himmlische Künstler, den einfachen Blumen, die nach einem Tag eingehen, solche Farbenvielfalt verleiht, wie viel mehr wird er für die sorgen, die er nach seinem eigenen Bild erschaffen hat?

Diese Beispiele aus der Natur sind das beste Gegenmittel gegen melancholisches Grübeln, Ratlosigkeit und Zweifeln.

Beten, arbeiten, vertrauen

Zwei Mönche hatten je einen Ölbaum gepflanzt. „Herr", bat der eine, „sende einen erquickenden Regen, damit mein Bäumchen Wurzeln fassen kann!" Der Herr erhörte diese Bitte. „Nun bedarf es der Sonne", sagte der Mönch. „O Herr, vertreibe die Wolken!" Die Sonne kam und erwärmte die feuchte Erde. „Wenn jetzt der Frost kommen möchte", dachte der Mönch eines Tages, „damit die Rinde erstarke!" Der Frost kam und legte einen silbernen Reif auf das Bäumchen. Da ging es ein.

Traurig klagte der Klosterbruder das dem anderen Mönch: „Dein Baum steht frisch und blühend, aber meiner ist eingegangen, trotz allem, was ich getan habe!"

Der aber erwiderte: „Ich habe mein Bäumchen ganz in Gottes Hand gestellt, denn ich dachte mir: Er, der die Bäume erschaffen hat, muss am besten wissen, was sie bedürfen. So habe ich Gott keinen Rat erteilt, sondern habe den Baum gepflegt und gebetet: ‚Vater, nimm dich seiner an!'"

Dankbar zurückblicken

Gott will, dass alle seine Söhne und Töchter glücklich sind. Tiefes Glück und Erfüllung finden wir im Einsatz für ihn. Und wenn scheinbar alles aus dem Ruder läuft, dann können wir uns trotzdem freuen – denn wir wissen, dass unser Leben in der Ewigkeit weitergehen wird.

Jeder Schritt im Leben kann uns näher zu Jesus bringen, uns seine Liebe tiefer erfahren lassen und uns ein Stückchen näher zum Himmel ziehen. Auch wir können sagen: „Bis hierher hat der Herr uns geholfen" (1. Samuel 7,12) und er wird uns bis zum Ende helfen.

Gottes liebevolle Verheißungen lebendig im Gedächtnis zu behalten, stärkt uns für alles, was uns begegnen wird. Denken wir also an die Tränen, die er abgewischt, die Schmerzen, die er gelindert, die Befürchtungen, die er zerstreut, die Bedürfnisse, die er befriedigt, und die Segnungen, die er ausgeschüttet hat!

Zuversichtlich vorwärtsschauen

Bald werden sich die Türen des Himmels öffnen, um die Kinder Gottes hereinzulassen. Dann werden die Erlösten in dem Zuhause, das Jesus für sie vorbereitet hat, willkommen geheißen: „Kommt, ihr seid von meinem Vater gesegnet, ihr sollt das Reich Gottes erben, das seit der Erschaffung der Welt auf euch wartet." (Matthäus 25,34)

Jeder Hang zur Sünde, jede Unvollkommenheit, die uns hier gequält hat, wurde durch das Opfer von Jesus beseitigt. Wir werden mit dem Glanz seiner Herrlichkeit geschmückt. Dieses Strahlen übertrifft das Leuchten der Sonne bei Weitem! Wir spiegeln die Vollkommenheit seines Charakters wider, die viel wertvoller ist als jeder oberflächliche Luxus. Wir stehen nun fehlerfrei vor dem Thron Gottes und teilen die Würde und die Vorrechte der Engel.

Der Himmel jubelt über jeden einzelnen Erlösten und singt fröhliche Siegeslieder – weil Gott für immer gewonnen hat.

ZUM NACHDENKEN:

■ Welche Vorstellung von Jesus bekommen die Menschen in meinem Umfeld, wenn sie mich als seinen Repräsentanten ansehen?

■ Worüber rede ich gern? Was zeigt das über meine Beziehung zu Gott und das Leben als Christ?

■ Wie mache ich mir täglich die Größe der Liebe Gottes bewusst?

■ Worüber kann ich mich als Christ jeden Tag freuen – ganz gleich, wie die Umstände sind?

■ Welche Erfahrungen der Liebe und Fürsorge Gottes in meinem Leben lassen mich zuversichtlich in die Zukunft blicken?

Der bessere Weg zu einem neuen Leben

Die hier vorliegende Fassung **Der bessere Weg zu einem neuen Leben** basiert auf dem Bestseller *Steps to Christ* der amerikanischen Autorin Ellen G. White und ist 2017 zum 125-jährigen Jubiläum der Originalausgabe erschienen. Hierfür wurde der Text sinnwahrend gekürzt und in modernes Deutsch übertragen. Erläuternde Beispiele wurden ergänzt, um biblische Grundbegriffe verständlich zu machen. Zusätzlich sind am Ende jedes Kapitels Fragen angefügt, die zum Nachdenken einladen.

Steps to Christ war auf Deutsch jahrzehntelang unter dem Titel *Der Weg zu Christus* erhältlich. Aktuell verlegt der Advent-Verlag für Leser, die mehr Wert auf eine wortgetreue Übersetzung legen, die Ausgabe *Schritte zu Christus*. Hiervon liegen sowohl eine Fassung im Kleinformat (Softcover) als auch eine repräsentative Geschenkausgabe mit festem Einband und Schuber vor.

Weitere Einzelheiten, Leseproben, Preise und Bezugsquellen finden sich im Internet unter
www.advent-verlag.de/schritte-zu-christus
oder beim Advent-Verlag Lüneburg
Pulverweg 6
21337 Lüneburg
Tel. +49 (0)4131 9835-02
E-Mail: service@advent-verlag.de

Vom Buch *Steps to Christ* liegen folgende Ausgaben auf Deutsch vor:

❶ **Der bessere Weg zu einem neuen Leben – Ausgabe 2009**
Das ist eine ältere Ausgabe, die im Dezember 2017 durch ❷ ersetzt wurde. [Saatkorn-Verlag 2009, Art.-Nr. 949]

❷ **Der bessere Weg zu einem neuen Leben – Ausgabe 2017**
Neue, sinnwahrend gekürzte Ausgabe in modernem Deutsch, um erläuternde Beispiele und Fragen zum Nachdenken ergänzt. Zitierempfohlenes Standardwerk.
Farbig bebildert. [Advent-Verlag 2017, Art.-Nr. 7723]

❸ **Der bessere Weg zu einem neuen Leben – Das Magazin**
Wie ❷, jedoch zusätzlich reich bebildert und im Magazinformat 20 x 26,5 cm. [Advent-Verlag 2017, Art.-Nr. 7724]

❹ **Schritte zu Christus – Taschenbuchausgabe**
Neue, wortgetreue Übersetzung. Eine Koproduktion mit Editorial SAFELIZ, Madrid. Farbig bebildert. [Saatkorn-Verlag 2017, Einzelbuch: Art.-Nr. 7721, 5er-Pack: Art.-Nr. 7722]

❺ **Schritte zu Christus – Geschenkausgabe**
Wie ❹, jedoch mit festem Einband und Schuber, 23,5 x 21 cm. [Saatkorn-Verlag 2017, Art.-Nr. 1542]

❻ **Der rettende Weg**
Österreichisch-schweizerische Ausgabe. [Koproduktion Advent-Verlag Zürich und TOP LIFE Wegweiser-Verlag 2017, Saatkorn-Art.-Nr. 366]

Bezugsadressen:
Advent-Verlag Lüneburg: bestellen@advent-verlag.de
Advent-Verlag Zürich: info@advent-verlag.ch
TOP LIFE Wegweiser-Verlag: info@toplife-center.com